中國地方政府性
債務融資與債務風險
防控研究

劉婷婷 著

財經錢線

前言

2018年是全面貫徹黨的十九大精神的開局之年，是實施「十三五」規劃承上啓下的關鍵一年。中共四川省委全面深入貫徹落實黨的十九大精神，加速城鎮化和工業化建設。完善的基礎設施和市政建設是推進城鎮化和工業化建設的前提。然而，四川省地方政府的財政資金有限，僅僅依靠地方政府自身的財力難以滿足資本性建設資金的需要，會制約公益性基礎設施的提供。因此，地方政府借助債務融資方式來籌集外部資金成為彌補財政資金不足的必然選擇。近些年，四川省地方政府進行了多樣化的外部資金融通，長期累積的債務已對四川省地方政府形成了一定的償債壓力。

歐洲債務危機的爆發引起了理論界、實務界和各級政府的關注，為政府性債務的持續增長敲響了警鐘。分稅制改革後，中國的債務問題日漸凸顯且主要集中於地方。鑒於國際債務危機的爆發和國內地方政府性債務量的累積，中國開始規範和審計全國和地方的債務問題。四川省地方政府積極回應國家的政策，非常重

視地方政府性債務的規範和管理。2013年，四川省各級審計機關對四川省的省級、市級、縣級、鄉鎮的政府性債務情況展開系統審計。2015年1月，四川省人民政府印發了《四川省政府性債務管理辦法》，對地方政府性債務管理的各環節做了細緻的規定和要求。

地方政府性債務問題已經成為影響一些地方財政狀況和經濟發展的重要因素。基於此，本書以地方政府性債務為研究對象，就地方政府性債務融資、債務風險等問題展開研究，並探尋地方政府性債務風險防控的有效措施。

本書共有七章，各章的研究內容如下：第一章是導論，主要交代本書的選題背景和研究意義，綜述國內外研究現狀，介紹研究內容和研究方法；第二章是地方政府性債務融資的理論分析，主要從地方政府性債務概述、地方政府性債務融資的理論基礎、地方政府性債務融資的本質三方面對地方政府性債務融資展開理論分析；第三章是四川省地方政府性債務融資現狀，主要基於2014年的《四川省政府性債務審計結果》的數據，對四川省地方政府性債務規模和結構進行分析，同時剖析四川省地方政府性債務融資現狀產生的原因和存在的問題；第四章是地方政府性債務風險的成因和形成機理，主要分析地方政府性債務風險的成因和債務風險的形成機理；第五章是基於微觀視角的四川省地方政府性債務風險評估，以Wind數據庫城投債發行披露的地方政府融資平臺公司為樣本，運用主成分分析法和條件概率模型測度四川

省地方政府性債務風險水準；第六章是國內外地方政府性債務風險防控經驗，主要梳理美國、德國、澳大利亞、日本和法國等國家的地方政府性債務風險管理和防控措施以及中國江蘇省、天津市、廣東省和廈門市的地方政府性債務風險防控實踐經驗；第七章是地方政府性債務風險的防控策略，主要包括地方政府融資模式創新、地方政府性債務風險防控體系建設和地方政府性債務風險防控體系的配套制度建設等。

為了對四川省地方政府性債務融資和風險防範問題展開系統深入的研究，本書綜合運用了理論分析和實證分析相結合的方法，並輔以文獻梳理法、圖表展示法、比較分析法和經驗借鑑法等研究方法。

本書的研究意義主要體現在理論和實踐兩個層面。理論價值主要體現在兩個方面：一方面，本書系統地闡述了地方政府性債務融資理論基礎，揭示了地方政府性債務融資的必要性，在一定程度上豐富和發展了地方政府性債務融資理論；另一方面，本書系統地闡述了地方政府性債務風險的形成機理，測度了四川省地方政府性債務風險水準，並提出了地方政府性債務風險防控措施，有助於豐富和發展地方政府性債務風險管理理論。實踐意義主要體現在三個方面：首先，本書分析地方政府性債務規模和結構，並測度四川省地方政府性債務風險水準，以呈現四川省地方政府性債務的融資現狀和風險水準，能夠為政府的政策制定提供依據；其次，本書以公私合營模式和資產證券化兩種創新性融資工具為

例做了闡述和分析，強調引入市場化因素的重要性，有助於推動地方政府融資工具的不斷創新；最後，本書在借鑑國內外地方政府性債務風險防控經驗的基礎上，構建地方政府性債務風險防控體系和配套制度體系，有助於優化地方政府性債務融資結構，化解債務風險。

劉婷婷

目錄

第一章 導論 / 1

 第一節 選題背景與研究意義 / 1

 第二節 相關研究的文獻綜述 / 4

 第三節 研究內容和研究方法 / 16

第二章 地方政府性債務融資的理論分析 / 19

 第一節 地方政府性債務概述 / 20

 第二節 地方政府性債務融資的理論基礎 / 26

 第三節 地方政府性債務融資的本質：土地財政 / 29

第三章 四川省地方政府性債務融資現狀 / 36

 第一節 四川省地方政府性債務規模與結構 / 37

 第二節 四川省地方政府性債務融資的原因分析 / 53

 第三節 四川省地方政府性債務融資的問題分析 / 56

第四章 地方政府性債務風險的成因和形成機理 / 62

 第一節 地方政府性債務風險的成因 / 62

 第二節 地方政府性債務風險的形成機理 / 68

第五章　基於微觀視角的四川省地方政府性債務風險評估 / 72

第一節　基於主成分分析法的地方政府性債務風險評估 / 73

第二節　基於條件概率模型的地方政府性債務風險評估 / 85

第六章　國內外地方政府性債務風險的防控經驗 / 91

第一節　國外地方政府性債務風險的防控經驗 / 91

第二節　國內地方政府性債務風險的防控經驗 / 101

第七章　地方政府性債務風險的防控策略 / 107

第一節　地方政府融資模式創新 / 107

第二節　地方政府性債務風險防控體系建設 / 114

第三節　地方政府性債務風險防控的配套制度建設 / 119

參考文獻 / 123

附表 / 131

第一章　導論

第一節　選題背景與研究意義

一、選題背景

2018年是全面貫徹黨的十九大精神的開局之年，是實施「十三五」規劃承上啓下的關鍵一年。李克強總理在 2018 年《政府工作報告》中指出，要紮實推進區域協調發展戰略，逐步縮小城鄉區域發展差距。西部地區的經濟發展水準相對較落後，2018 年《政府工作報告》提出，重大基礎設施建設繼續向中西部地區傾斜，充分發揮投資對供給結構的調節作用。

四川省是西部地區的經濟大省。中共四川省委全面深入貫徹落實黨的十九大精神，加速城鎮化和工業化建設。完善的基礎設施和市政建設是推進城鎮化和工業化建設的前提。基礎設施和市政建設等公益性項目屬於公共物品，其建設和提供屬於地方政府的事權範疇。作為西部內陸地區和經濟相對欠發達地區的農業大省，四川省的城鎮化水準明顯低於全國平均水準。

自中國實行分稅制改革以來，地方政府承擔的事權越來越多，但地方政府的財力並沒有得到相應的增加，地方政府財權與事權不統一的問題日益突出。四川省地方政府的財政資金有限，僅僅依靠地方政府自身的財力難以滿足資本性建設資金的需要，會制約公益性基礎設施建設的

提供。因此，地方政府借助債務融資方式籌集外部資金，並將債務償還分攤到未來年度成為彌補財政資金不足的必然選擇。公益項目落成後，未來幾代人都會受益。由此來看，借助債務融資加速公益項目建設具有合理性。

然而，2014年修訂前的《中華人民共和國預算法》既不允許地方政府發債，也不允許地方政府直接向銀行貸款或為項目公司的銀行貸款提供任何形式的擔保。因此，依託地方政府融資平臺公司，借助開發性貸款、商業銀行貸款、信託計劃、財政部代發地方政府債券、融資平臺債券等成為地方政府尋求財政外資金融通的重要方式。近些年，四川省地方政府進行了多樣化的外部資金融通，長期累積的債務已對四川省地方政府形成了較重的償債壓力。

2008年，冰島爆發主權債務危機；2009年，希臘爆發主權債務危機；2010年，主權債務危機逐步向葡萄牙、義大利、愛爾蘭、希臘、西班牙等國蔓延。歐洲債務危機的爆發引起了理論界、實務界和各級政府的關注，為政府性債務的持續增長敲響了警鐘。分稅制改革後，中國的債務問題日漸凸顯，並且主要集中於地方。鑒於國際債務危機的爆發和國內地方政府性債務量的累積，中國開始規範與審計全國和地方的債務問題。2010年起，中國相繼出抬了一系列與地方政府性債務管理相關的法律法規。2013年4月，國務院總理李克強主持召開國務院常務會議，再次強調要有效防範地方政府性債務風險。

四川省地方政府積極回應國家的政策，非常重視地方政府性債務的規範和管理。2013年，四川省各級審計機關對四川省的省級、市級、縣級、鄉鎮的政府性債務情況展開了系統審計。2015年1月，四川省人民政府印發了《四川省政府性債務管理辦法》，對地方政府債務管理的各環節做了細緻的規定和要求。

四川省地方政府性債務問題已經成為影響四川省財政狀況和經濟發展的重要因素。因此，針對四川省地方政府的債務融資和債務風險展開研究，構建債務風險防控體系至關重要。

二、研究意義

本書以四川省地方政府性債務為研究對象，就地方政府性債務融資、債務風險等問題展開研究，並探尋地方政府性債務風險防控的有效措施。本書的研究意義主要體現在理論和實踐兩個層面。

（一）理論價值

1. 有助於豐富和發展地方政府性債務融資理論

本書從公共物品理論、李嘉圖等價理論、激勵相容理論和委託-代理理論入手系統闡述地方政府性債務融資的理論基礎，揭示地方政府性債務融資的必要性，在一定程度上豐富和發展了地方政府性債務融資理論。

2. 有助於豐富和發展地方政府性債務風險管理理論

本書系統地闡述了地方政府性債務風險的形成機理，並基於主成分分析法和條件概率模型從微觀視角測度了四川省地方政府性債務的風險水準。此外，本書就地方政府性債務風險防控問題，從控制債務增量和消化債務存量兩方面入手。本書的研究成果有助於豐富和發展地方政府性債務風險管理理論。

（二）實踐意義

1. 有助於瞭解四川省地方政府性債務融資現狀和債務風險水準

本書基於 2014 年的《四川省政府性債務審計結果》的數據，對四川省地方政府性債務規模和結構進行分析，並與全國其他省份、西部地區其他省份的地方政府性債務水準進行對比，展現了四川省地方政府性債務的現狀。同時，本書以 Wind 數據庫城投債數據為樣本，測度了四川省地方政府性債務風險水準。以上方面的定量分析呈現了四川省地方政府性債務的融資現狀和風險水準，能夠為政府的政策制定提供依據。

2. 有助於創新和拓寬地方政府融資工具

對地方政府性債務融資的風險防控不能單單從債務融資入手，還應當綜合考慮地方政府性債務規模、風險水準、經濟發展水準等因素，拓寬地方政府融資工具，探尋非債務融資渠道。本書以公私合營模式和資產證券化兩種創新性融資工具為例做了闡述和分析，強調引入市場化因

素的重要性，希望能夠達到拋磚引玉的效果，推動地方政府融資工具的不斷創新。

3. 有助於優化地方政府性債務融資結構，化解債務風險

本書在四川省地方政府性債務融資的理論基礎和現狀、地方政府性債務風險的形成機理和風險測度等方面做了系統的研究，在借鑑國內外地方政府性債務風險防控經驗的基礎上，從控制債務增量和消化債務存量兩個方面著手構建了地方政府性債務風險防控體系和配套制度體系，有助於優化地方政府性債務融資結構，化解債務風險。

第二節　相關研究的文獻綜述

一、地方政府性債務融資的內涵

地方政府債務是地方政府基於特定的政府目標，向債權人融入資金並承擔本息償還義務而形成的債務（王俊，2015）。與地方政府債務相比，地方政府性債務的範疇更廣。黃燕芬和鄔拉（2011）指出，地方政府性債務是地方政府以政府名義舉借或擔保舉債而形成的、到期承擔償付義務的債務。地方政府性債務可以分為顯性債務和隱性債務兩類，顯性債務會反應在當期地方財政預算中，隱性債務則不會體現在地方財政預算中（中國工商銀行投資銀行部課題組，2011）。陳志勇和莊佳強（2017）指出，政府性債務的實質是以提前透支未來期間的稅收收入的方式為長期性的資本項目支出融資，進而形成代際間公共物品的受益與支出相匹配的償付關係。

二、地方政府性債務融資的相關理論

(一) 公共物品理論

地方政府性債務融資同基礎設施等公共物品建設密不可分。奧茨（Oates, 1985）認為，地方政府性債務融資是地方政府滿足基礎設施建設

資金需要的重要外部融資渠道。德梅洛（De Mello, 2000）指出，政府為了滿足財政支出的資金需要，會選擇發行政府債券融資，社會體制改革導致地方政府舉債額不斷增加，債務規模日漸擴大。普拉德漢（Pradhan, 2002）表示，城鎮建設中的公益項目投資是地方政府性債務產生的主要原因。劉梅（2015）指出，中國地方政府性債務的形成和累積主要源於地方政府在基礎設施與公益性項目的大額投資，因為增加稅收不具有現實性且難以獲取上級政府更高的轉移支付，所以只能通過債務融資的方式彌補財政收入與財政支出的缺口。

（二）土地財政

有學者將地方政府債務的形成歸因於「土地財政」模式，認為地方政府的融資是依託於土地財政的。分稅制改革使得地方政府的稅收收入減少，但是財政支出卻沒有絲毫減少甚至增多，地方政府就不得不使用自己擁有的土地進行融資，因此土地財政是分稅制改革之下不可避免的產物（盧洪友和袁光平，2011）。「土地財政」是地方政府財政收入的一種模式，這種模式的根基是地方政府擁有的土地（唐在富，2012）。由於擁有土地的所有權，地方政府能夠依靠土地的運作來獲取財政收入，從而形成「土地財政」（賈康和劉微，2012）。

有學者就土地財政與地方政府性債務融資的關係做了大量的分析。曹飛（2013）認為，城鎮化建設的推進和房地產價格的上升，導致國有土地出讓收入成為地方政府非稅收入的重要構成，同時也激勵地方政府在「土地財政」模式下舉借債務。曾康霖和呂勁松（2014）指出，城鎮化導致土地價格上漲，此時地方政府利用抵押土地的方式獲得債務融資的傾向更加明顯，推動了地方政府性債務規模的膨脹，累積了較高的債務風險。

三、地方政府性債務風險

（一）地方政府性債務風險的表現

地方政府性債務風險的表現形式多樣。阿萊西納和塔伯里尼（Alesina & Tabellini, 1992）指出，地方政府性債務風險源於債務規模的

累積，主要表現為債務規模膨脹導致的貨幣貶值風險和違約風險。帕尼薩（Panizza, 2008）表示，地方政府債務規模過高極易引發債務違約風險。中國工商銀行投資銀行部課題組（2011）指出，中國的地方政府性債務主要依託於中央政府的隱性擔保，會引起債務累積，引發償付風險。黃國橋和徐永勝（2011）表示，倘若地方政府財力不足，無法按期按量償付本息，上級政府會通過加大轉移支付或豁免部分債務等方式進行救助，從而加重上級政府的負擔，進一步引發中央財政風險。胡援成和張文君（2012）指出，地方政府無力償還債務時，會導致貸款銀行無法按時回收款項，引發銀行信貸風險，一旦資金鏈斷裂，會引發金融風險。王桂花和許成安（2014）指出，地方政府性債務風險主要表現為財政風險、金融和經濟風險、地方政府融資平臺風險。

（二）地方政府性債務風險的成因

1. 財政分權制度

財政分權制度是導致地方政府債務融資的重要因素。特里薩和克雷格（Teresa & Craig, 1997）認為，地方政府債務過度膨脹主要是由於政府間不合理的財政關係造成的。中國的財政分權制度會引發地方政府的財政競爭，導致政府官員為實現地方經濟的增長而加大債務融資規模（Blanchard & Shleifer, 2000；Wildasin, 2005）。龔強、王俊和賈珅（2011）認為，地方政府債務問題主要存在於實行財政分權或實行財政聯邦制的國家。楊興龍和楊晶（2014）認為，中國的財政體制和財政分權制度不完善是導致地方政府性債務風險的重要因素。潘俊、楊興龍和王亞星（2016）表示，地方政府承擔著提供公共物品的責任，然而財政分權制度下，地方政府的財權和事權不匹配，形成較大的財政壓力，為籌集建設所需資金，地方政府會選擇多樣化的融資方式，其中債務融資是主要的資金來源。田新民和夏詩園（2017）指出，財政體制管理不完善導致地方政府財政赤字缺口較大，為了滿足財政支出需要，地方政府需借助債務融資方式。

有學者基於實證分析證實了財政分權對地方政府性債務風險的影響。陳菁和李建發（2015）的實證分析結果表明，財政分權程度加深會導致

地方政府性債務規模上升，加重地方政府性債務風險。龐保慶和陳碩（2015）以地方政府融資平臺個數和省級地方政府債務的估算額反應地方政府性債務水準，就地方政府財政缺口對地方政府債務水準的影響進行了實證分析。結果表明，財政缺口增加會提高融資平臺數量，加大債務規模。潘俊、楊興龍和王亞星（2016）就財政分權和財政透明度對地方政府性債務風險影響的實證研究結果顯示，財政分權程度越高，地方政府性債務融資規模越大，債務風險越高；財政透明度提升會降低地方政府債務融資規模，緩解地方政府性債務風險。

2. 政治晉升動機

晉升激勵會強化地方政府債務融資動機，誘發債務風險。羅比尼和薩克斯（Roubini & Sachs, 1989）指出，地方政府官員的任期越短，越傾向於大肆舉債。黃國橋和徐永勝（2011）表示，在晉升激勵動機下，地方政府傾向於在任期內大肆開展基礎設施和市政建設，以取得較「優異」的地方經濟增長效果，因此會借助債務融資籌集建設資金。李茂媛（2012）指出，為了自身政治利益，地方政府會大額舉債啓動建設工程，以實現良好的政績。陳志勇和陳思霞（2014）指出，中國的財政分權制度和晉升激勵機制使得地方政府為實現自身利益的競爭更加激烈，加重了地方政府債務負擔。陸長平和胡俊（2015）指出，政績考核機制是引致地方政府官員投融資偏好的重要原因，從而導致地方政府性債務的膨脹。

部分學者基於實證分析證實了晉升動機對地方政府性債務規模、債務風險的影響。蒲丹琳和王善平（2014）認為，晉升激勵程度越高，地方政府官員債務融資的動機就越明顯，債務融資規模越大，風險越大。呂健（2014）以市政領域的固定投資減去地方政府的可用收入來反應地方政府債務，以GDP增長率反應政績水準，在控制城市化、金融發展水準、第二產業和第三產業占比等宏觀變量的情況下，分析政績競賽對地方政府債務增長率的影響；結果顯示，政績競賽會對地方政府性債務產生顯著影響，但是影響效果在東部地區、中部地區和西部地區間有差異。張曾蓮和江帆（2017）指出，中央政府與地方政府之間存在委託-代

理關係，信息不對稱的存在使得中央政府難以完全瞭解地方政府的各種政策意圖，地方政府為了獲得更多的晉升機會，會借助債務融資方式籌集資金以加大城市基礎設施建設力度和提高地方經濟生產總值，因此晉升激勵程度越明顯，地方政府債務融資規模越大，債務風險越高。

3. 預算軟約束

預算軟約束是地方政府債務規模擴張的原因之一。王桂花和許成安（2014）表示，地方政府性債務風險的外在表現形式是債務違約，而內在制度誘因是預算軟約束、政府職能不清和隱形擔保。預算軟約束，即中央政府對地方政府的救助（姜子葉和胡育蓉，2016）。如果中央政府能夠在事前做出具有可信性的「不救助」威脅，那麼就不會出現預算軟約束問題（龔強、王俊和賈珅，2011）。

克羅爾（Krol，1997）指出，預算軟約束下的超額財政支出是引發地方政府性債務風險的原因之一。楊十二和李尚蒲（2013）指出，中國的政治體制決定了地方政府是不能破產的，一旦地方政府出現財政危機，中央政府便會及時施以救助，這種預算軟約束導致地方政府的風險偏好較強，傾向於借助債務融資方式尋求地方經濟的發展。王永欽、陳映輝和杜巨瀾（2016）表示，中國地方政府債務的違約風險主要集中在地方政府融資平臺，一旦融資平臺違約，可能會波及地方政府和商業銀行，中央政府會採取救助措施，從而將地方政府債務負擔轉嫁給中央政府；同時，三位學者基於實證分析證實了中國存在預算軟約束的現實。

4. 宏觀經濟政策

宏觀經濟政策是地方政府進行債務融資的誘因。巴爾（Bahl，1984）指出，為應對經濟週期波動，地方政府會借助地方政府性債務等財政政策工具，在經濟衰退階段，通過增加地方政府性債務以擴大財政支出；在經濟復甦階段，償還債務，借助地方政府性債務的變動實現逆週期調節。奧林（Arin，2011）認為，為實現一定的宏觀經濟目的，國家會採取擴張性的貨幣政策和財政政策刺激消費與投資，地方政府也會借助債務融資擴大投資。魏加寧（2010）指出，宏觀經濟政策會影響地方政府債務融資規模，擴張性的財政政策或貨幣政策會刺激固定資產投資，地

方政府性債務融資規模隨之擴大，潛在的債務風險較高。

5. 其他因素

王曉光和高淑東（2005）提出，中國的債務資金監控系統不完善，缺乏有效的債務風險約束機制，這會導致地方政府性債務風險。於海峰和崔迪（2010）認為，政府績效評價體系不合理、監控體系不規範會引發地方政府性債務風險。

繆小林和伏潤民（2013）指出，地方政府性債務風險的本質原因在於地方政府債務的舉借主體權利與償還責任相分離，地方政府舉借債務後享有資金使用權卻不承擔債務償還責任。繆小林和伏潤民（2015）的實證分析結果顯示，地方政府舉借主體權利和償還責任間的分離程度越明顯，地方政府的責任程度越低，地方政府的新增債務量越高，債務違約率越高。

也有學者另闢蹊徑，從地方政府債務增長原因的角度闡述債務風險的成因。繆小林和伏潤民（2015）指出，地方政府債務累積是否會引起債務風險取決於債務增長是否為滿足社會利益：如果地方政府性債務的增長依託於社會利益，則屬於正常增長，不會引發債務風險；如果地方政府性債務增長源於非社會利益，則屬於非常規增長，會引發債務風險。

徐占東和王雪標（2014）根據地方政府債務償還來源，將財政收入分解為稅收收入、土地出讓收入以及其他收入，從而測度收入增長率對政府債務風險的影響。結果顯示，地方政府債務違約風險主要體現在稅收收入和其他收入，具有「土地財政」特徵的土地出讓收入對地方政府性債務違約風險的影響較小；東部地區、中部地區和西部地區間省級地方政府性債務違約風險存在明顯差異，西部地區、中部地區和東部地區省級地方政府性債務違約風險依次降低。

（三）地方政府性債務風險的測量

地方政府性債務風險的評估方法主要有三種：一是基於地方政府債務評價指標測度地方政府性債務風險；二是構建地方政府性債務風險預警體系評估地方政府性債務風險；三是構建 KMV 模型測算地方政府債務上限，評價地方政府性債務風險。

1. 基於地方政府債務評價指標

中國工商銀行投資銀行部課題組（2011）基於負債率、債務率、利息支出率和擔保債務比重四項債務風險指標度量地方政府性債務風險。李尚蒲、鄭仲輝和羅必良（2015）基於僅包括預算內財政收入、加入土地出讓收入後的財政收入和進一步增加轉移支付後的財政收入三個財政收入口徑，計算負債率和債務率指標來衡量地方政府性債務風險。王桂花和許成安（2014）基於熵模型構建地方政府性債務風險指數，動態反應地方政府性債務風險。田新民和夏詩園（2017）以政府負有償還責任和擔保責任的債務總和衡量地方政府性債務規模，並以此度量地方政府性債務風險。

2. 構建地方政府性債務風險預警體系

考燕鳴、王淑梅和馬靜婷（2009）基於主成分分析法對地方政府性債務風險進行評估。劉婭、干勝道和鄧同鈺（2014）基於多因素分析法、層次分析法、Z分數模型等方法測度地方政府性債務風險。楊龍光和林兆彬（2016）利用聚類分析法評估地方政府性債務風險。

3. 構建 KMV 模型

馬德功和馬敏捷（2015）基於居民儲蓄總額、地區生產總值和財政收入等宏觀變量建立 KMV 模型來評估四川省地方政府性債務違約風險；結果顯示，在地方政府債務能夠完全轉移給中央政府的條件下，地方政府不存在違約風險。韓立岩、牟暉和王哲兵（2005）對 KMV 模型進行了改進。陳共榮、萬平和方舟（2016）基於拓展的 KMV 模型，計算了美國加利福尼亞州、中國湖南省和江蘇省地方政府性債務的偏離率，衡量地方政府性債務風險水準。

4. 其他

劉文琦和何宜慶（2017）利用系統動力學基模分析技術，基於財政收入、地區生產總值、城鎮化水準、地方政府投資額和地區債務規模等宏觀指標對地方政府性債務風險進行仿真實驗。結果顯示，中國東部地區、中部地區和西部地區的地方政府性債務風險處於可控狀態，但是地區間的風險水準存在顯著差異。

四、地方政府融資平臺

地方政府性債務風險主要集中為隱性債務風險（王桂花和許成安，2014），而地方政府融資平臺債務是地方政府隱性債務的重要構成部分（中國工商銀行投資銀行部課題組，2011）。

（一）地方政府融資平臺及其融資方式

地方政府融資平臺公司是地方政府及相關部門等設立的具有獨立法人資格的經濟體，因地方政府不能舉借債務的法律限制應運而生，成為地方政府舉債的載體；地方政府融資平臺債務主要由銀行借款、信託產品、債券等構成（中國工商銀行投資銀行部課題組，2011）。何楊和滿燕雲（2012）指出，中國的地方政府融資主要是以融資平臺和土地財政為依託的融資模式，並且其主要手段是以土地抵押獲得銀行貸款以及以土地收入為擔保發行城投債。

1. 銀行借款

銀行借款是地方政府依託於地方政府融資平臺融資的主要渠道。國內學者就該融資方式的特徵和優劣勢做了細緻的分析。龐保慶和陳碩（2015）指出，地方政府的舉債主體主要是地方政府融資平臺公司，地方政府融資平臺公司主要是將地方政府發放的土地使用權證抵押給銀行，從而獲得銀行貸款融資。陳元（2010）指出，在以銀行貸款作為地方政府債務融資渠道的國家中，一般都會建立專業化的銀行來為政府提供資金。例如，歐洲各國地方政府銀行貸款由城市基礎設施開發銀行來提供。魏加寧（2010）認為，地方政府會選擇向銀行貸款融資滿足資金需要，並且傾向於將銀行業中規模較大、經營較穩健的銀行作為借款對象。趙慧和紀新青（2010）指出，基於地方政府自身的信譽，借助銀行貸款融資方式融通資金，地方政府可以避免一些不必要的程序，銀行也能夠節省人力和物力，然而這也可能造成銀行對地方政府借款債務管理上的缺失。

2. 市政債券

市政債券起源於美國，在西方發達國家的發展較為成熟。對市政債

券的早期研究主要集中於國外的文獻。市政債券不僅可以面向銀行發行，而且可以面向各種金融機構以及個人投資者發行。詹姆斯·雷格蘭德（James Leigland，1997）指出，同其他的融資方式相比，市政債券在投資者範圍以及風險承擔方面具有明顯優勢，它不僅能夠吸引廣大的投資者還能夠滿足政府的融資需求。

中國的市政債券發展起步較晚。李凱（2013）認為，市政債券融通的資金主要用於地方政府管轄的城市基礎設施建設，能夠為地方政府基礎設施建設提供足夠的資金，是政府融資的主要方式之一。

(二) 地方政府融資平臺的優勢與風險

魏加寧（2010）指出，2008 年金融危機後，中國出抬的積極的財政政策和貨幣政策推動了地方政府融資平臺的發展，地方政府融資平臺數量激增，為政府融資提供了保障。賈康和孟豔（2009）指出，地方政府融資平臺將社會儲蓄資金更好地利用起來，有助於推動中國金融體系建設和基礎設施建設。秦德安和田靖宇（2010）指出，地方政府融資平臺具有獨立的法人資格，能夠獨立運作，為地方政府融資提供了堅實的保障。封北麟（2010）表示，地方政府融資平臺能夠降低風險發生的概率，保證基礎設施的建設。

然而，隨著中國地方政府融資平臺的高速發展，也暴露出一些問題和風險。肖耿等（2009）指出，融資平臺籌集的資金多數投向基礎設施等公益項目，投資期限較長，具有較高的流動性風險。劉煜輝和張櫸成（2010）剖析了地方政府融資平臺自身的缺陷後指出，地方政府融資平臺公司主要基於財政撥款或劃撥土地等設立，並沒有自己的業務，導致資金收入不穩定，存在償付風險。沈明高和彭程（2010）認為，中國地方政府融資平臺的各項業務和資金往來具有較高的隱蔽性，資金管理不透明，存在著較高的風險隱患。劉煜輝（2010）認為，地方政府融資平臺的建立激發了地方政府的舉債動機，導致地方政府過度舉債問題凸顯，基於李嘉圖等價理論，倘若通過未來的稅收收入進行跨期償還會嚴重打擊未來人們的生產和消費，扭曲投資行為，阻礙經濟發展。謝思全和白豔娟（2013）認為，城鎮化建設引起了土地價格的上升，激發了地方政

府投資和徵地動機，由此引發了地方政府性融資平臺銀行信貸融資額上升，加劇了債務風險。許友傳和陳可楨（2013）指出，地方政府融資平臺存在的潛在風險將會對社會造成嚴重後果，一旦地方政府違約，將會對銀行業造成致命的衝擊。

五、地方政府性債務風險防控

（一）西方國家債務管理經驗借鑑

萊恩（Lane, 1993）對市場機制較為成熟的美國的地方政府債務管理經驗進行總結並指出，如果想充分發揮市場的約束作用，就需要給市場一個充分自由的政策環境；與此同時，政府的行為要公開透明地披露，以充分發揮市場對政府的監督與約束作用。辛格和普列漢諾夫（Singh & Plekhanov, 2005）以比利時等國家為例，就資本市場不發達國家的地方政府債務管理提出了自己的看法，認為中央政府可以通過制定法律與規範地方政府的運行程序等方式強化債務管理。羅登（Rodden, 2005）認為，中央政府在對地方政府進行管理時，一定要體現出強硬的管理態度，才能收到較好的管理效果。

巴拉索內等（Balassone et al., 2003）指出，在中央政府與地方政府基於協商方式的地方政府債務管理模式下，地方政府的權力會有所提升，很可能不再按照中央政府的安排進行合理運行，甚至會出現架空中央政府的現象，會對中央政府管理造成威脅；如果想要實行平等協商的管理辦法，就一定要控制好協商的「度」，即控制地方政府的權力。芬德爾（Fender, 2002）對歐洲國家基於協商方式的地方政府管理經驗進行了總結，他認為，如果能夠找到中央政府與地方政府平衡的點，該模式有助於地方政府債務管理，能夠促進經濟發展。

龔強、王俊和賈珅（2011）系統地梳理了各國地方政府債務管理經驗並指出，地方政府應當提高自身的透明度，讓社會成員與市場加以監管，有助於更好地防控地方政府性債務風險的發生。薛軍和聞勇（2015）指出，應當積極借鑑西方發達國家地方政府債務管理模式，完善債務管理體系，構建風險防控機制。財政部財政科學研究所研究生部（2012）

指出，地方政府管理體制大致可以分為行政控制型、共同協商型、市場約束型和制度約束型，並以日本、澳大利亞、加拿大和美國為例就四種制度類型地方政府債務管理的經驗進行了系統梳理，建議中國應該借鑑四國的債務管理經驗，並根據實際情況構建適合本國的債務管理模式。就四種債務管理模式對比而言，市場約束型、共同協商型、制度約束型和行政約束型的債務管理分權程度依次降低（劉聖慶，2016）。

（二）防控地方政府性債務風險的措施

1. 加強預算管理等地方政府債務管理制度建設

馬金華和宋曉丹（2014）指出，強化預算管理制度建設、推進政府會計制度改革，有助於地方政府性債務風險管理和防範。陳志勇和陳思霞（2014）認為，財政預算制度不規範是引發地方政府過度負債的重要因素，強化財政預算約束機制、在事前做好預算審核工作，有助於控制地方政府債務規模、優化債務結構和化解地方政府性債務風險。繆小林和伏潤民（2013）表示，為使得防範和化解地方政府性債務風險取得成效，必須明確地方政府債務管理的義務、增強地方政府責任意識、完善地方政府債務管理制度建設，從而實現地方政府債務權利與管理責任的統一。

2. 深化財政體制改革

王國剛（2012）指出，化解地方政府性債務風險的前提是深化財政體制改革，處理好地方政府性債務融資過程中的各種關係，將責任和權利都落到實處。張曾蓮和江帆（2017）指出，在充分考慮地區差異性的基礎上，進一步深化財政分權制度改革是控制地方政府過度負債、控制債務風險的重要前提。

3. 強化信息披露和外部監管

藤木（Fujiki，2011）指出，規範地方政府債務融資信息披露，增強地方政府債務融資相關信息的公開性和透明度，有助於社會公眾和投資者等瞭解地方政府債務的規模、結構和風險，能夠在一定程度上降低債務風險。黃瑞峰（2011）指出，針對中國地方政府債務存在的融資量過高、資金管理不完善等問題，應當控制中國地方政府發行債券的融資量，

加強與銀行的合作以強化監管。李曉莉和楊建平（2013）認為，中國應當加強監管防控措施，降低地方政府性債務風險發生的可能性。

4. 拓寬債務融資渠道

希克（Schick，2001）指出，適時引入市場機制，將部分風險轉移給私人組織等市場經濟主體，有助於分散地方政府性債務風險。賈康、劉微和張立承等（2010）指出，應當積極創新公共物品的提供方式，推廣公私合營模式，緩解地方政府融資壓力。劉煜輝和沈可挺（2011）認為，應加速地方政府融資模式的創新，形成多元化的地方政府融資模式，推動地方政府債務的顯性化和透明化。李俊生、喬寶雲和劉樂崢（2014）指出，中國應探尋行政管理與市場約束相結合的地方政府債務管理模式，控制債務規模，優化債務結構。

學者普遍認為，公私合營模式是治理地方政府債務問題的重要方式。高玲珍和王露露（2014）系統地分析了公私合營模式在中國的應用前景，肯定了公私合營模式在公共物品提供方面的積極作用。劉梅（2015）指出，公私合營模式是地方政府融資和管理的創新模式，近年來得到中國政府的認可和鼓勵，是推動公共物品建設和提供、控制地方政府債務增量和緩解財政資金缺口的重要途徑。

5. 設置債務危機處理機制

艾哈邁德等（Ahmad et al.，2006）指出，地方政府面臨債務危機時可供採取的應對措施主要包括調整地方財政安排、中央政府直接干預和尋求司法部門裁決三種。

6. 優化債務管理外部制度環境

地方政府性債務風險的防控離不開外部制度環境的優化和改善。劉俏（2014）指出，優化金融生態環境，有助於形成地方債券的市場化定價機制，提高地方政府的投資效率，防範債務風險。陳志斌和潘俊等（2015）表示，優化金融生態環境，加強法律制度建設能夠降低地方政府的融資成本，提高資金的投資效率，有助於緩解地方政府性債務風險。潘俊、王亮亮和沈曉峰（2015）基於省級城投債數據，就金融生態環境對地方政府債務融資成本的影響展開實證分析。結果表明，良好的金融

生態環境能夠顯著降低地方政府債務融資成本；地區的經濟發展水準和金融深化程度越高，地方政府債務融資的成本越低，這在一定程度上能夠降低地方政府償債負擔，降低地方政府性債務風險。

六、文獻述評

已有文獻對地方政府性債務融資和債務風險等做了細緻而豐富的研究，為地方政府性債務的研究提供了寶貴的資料和思路。西方發達國家在公共物品等基礎理論的研究相對較早；同時，在政府債務管理方面累積了成熟的經驗，對防控政府債務風險具有重要的借鑑意義。國內學者基於中國的政治制度和經濟現狀，對地方政府性債務風險做了深入的分析，意識到「土地財政」在地方政府債務融資與債務風險中的地位，闡述了財政分權制度、政治晉升動機、預算軟約束等制度因素對地方政府性債務融資和債務風險的影響，並借助統計學方法測度債務水準，提出了防控地方政府性債務風險的措施和政策建議。

中國各省份的經濟發展水準和財政收支狀況等存在較大差異，對全國範圍的地方政府性債務總規模和債務風險進行研究可能會掩蓋不同地區間地方政府債務現狀的差異，難以形成有針對性的政策措施。基於此，本書選擇中國西部地區經濟大省——四川省作為研究對象，對地方政府性債務風險展開系統的研究。在前期研究的基礎上，本書提出了地方政府性債務融資的本質，梳理地方政府性債務融資現狀，評估債務風險，並提出了優化債務融資結構、防控債務風險的措施。

第三節　研究內容和研究方法

一、研究內容

在國際債務危機的爆發和國內地方政府性債務量高速累積的現實背景下，為切實有效地貫徹黨的十九大精神、推動四川省「十三五」規劃

建設，本書對四川省地方政府性債務融資和債務風險防範展開了研究。總體而言，本書分為四個部分，共七章。第一部分是導論，即第一章；第二部分是地方政府性債務融資研究，由第二章和第三章組成；第三部分是地方政府性債務風險研究，由第四章和第五章組成；第四部分是地方政府性債務防控體系構建，由第六章和第七章組成。各章的研究內容如下：

第一章是導論，主要交代本書的選題背景和研究意義，綜述國內外研究現狀，介紹研究內容和研究方法。

第二章是地方政府性債務融資的理論分析，主要從地方政府性債務概述、地方政府性債務融資的理論基礎、地方政府債務融資的本質三方面對地方政府債務融資展開理論分析。

第三章是四川省地方政府性債務融資現狀，主要基於2014年的《四川省政府性債務審計結果》的數據，對四川省地方政府性債務規模和結構進行分析；同時，剖析四川省地方政府性債務融資現狀的原因和存在的問題。

第四章是地方政府性債務風險的成因和形成機理，主要分析地方政府性債務風險的成因和債務風險的形成機理。

第五章是基於微觀視角的四川省地方政府性債務風險評估，以Wind數據庫城投債發行披露的地方政府融資平臺公司為樣本，運用主成分分析法和條件概率模型測度四川省地方政府性債務風險水準。

第六章是國內外地方政府性債務風險的防控經驗，主要梳理美國、德國、澳大利亞、日本和法國等國家的地方政府性債務風險管理和防控措施以及中國江蘇省、天津市、廣東省和廈門市的地方政府性債務風險防控實踐經驗。

第七章是地方政府性債務風險的防控策略，主要包括地方政府融資模式創新、地方政府性債務風險防控體系建設和地方政府性債務風險防控體系的配套制度建設等。

二、研究方法

為了對四川省地方政府性債務融資和風險防範問題展開系統深入的研究，本書綜合運用理論分析和實證分析相結合的方法，並輔以文獻梳理法、圖表展示法、比較分析法和經驗借鑑法等研究方法。

（一）理論分析法

該方法主要體現在對四川省地方政府性債務融資的理論基礎的闡述和地方政府性債務風險形成機理的分析。

（二）實證分析法

本書基於主成分分析法和條件概率模型對四川省地方政府性債務風險展開了實證分析，評估風險水準。

（三）文獻梳理法

為了更加系統地瞭解地方政府性債務融資和債務風險的研究現狀，本書對國內外相關研究做了系統的梳理和綜述。

（四）圖表展示法

為了更加形象地展示四川省地方政府性債務的現狀，本書通過表格、柱狀圖、餅狀圖等方式展示債務規模和結構信息。

（五）比較分析法

本書通過四川省與全國其他地區和西部其他地區的地方政府性債務情況進行橫向對比，全面展示四川省地方政府性債務融資的現狀。

（六）經驗借鑑法

本書對西方發達國家的地方政府性債務管理措施和中國其他省份地方政府性債務管理實踐經驗進行了梳理，基於四川省的具體情況，為四川省地方政府性債務風險防控提供借鑑和思路。

第二章　地方政府性債務融資的理論分析

地方政府在加快地區經濟發展和城鎮化建設的過程中，試圖找到適度的稅收收入與適當的財政支出規模間的均衡點。借鑑西方發達國家推動城鎮化建設的經驗，中國結合自身的實際情況實施了財政分權制度改革，將基礎設施、市政建設等公益項目的財政支出責任由中央政府下移至地方政府，這有助於處於信息優勢的地方政府根據本地區實際發展需要開展公益項目的投資和建設。然而，地方政府在基礎設施等項目的建設中的財政支出水準已遠遠超過地方政府綜合財力的承載能力。

為了實現經濟或社會發展目標，地方政府通過各種手段在市場上籌措資金稱為地方政府融資。地方政府融資一般包括債務融資、財政撥款、權益性融資和資產性融資四大類。本書研究的地方政府融資專指債務融資。地方政府性債務能夠幫助地方政府跨期分擔財政支出成本，但是需要其尋找資金收益來源以償還到期債務本息。顯而易見，地方政府性債務的產生和發展具有一定的合理性，同時也存在著潛在的風險。本章從地方政府性債務概述、地方政府性債務融資的理論基礎、地方政府性債務融資的本質對地方政府債務融資進行理論分析。

第一節　地方政府性債務概述

一、地方政府性債務的概念和分類

（一）地方政府性債務的概念

部分學者從權利與義務的角度定義地方政府性債務。陳共（1999）認為，地方政府性債務是政府債務的重要構成部分，是指各級地方政府作為債務人發行公債而形成的債務，並且公債融資資金歸屬於地方政府支配。黃燕芬和鄒拉（2011）指出，地方政府性債務是地方政府以政府名義舉借或擔保舉債而形成的、到期承擔償付義務的債務。

政府決策部門從舉借主體、產生原因等角度更細緻地界定了地方政府性債務。審計署（2010）在 2010 年開展的地方政府性債務審計中指出，地方政府性債務是指地方政府及其相關機構、經費補助事業或公用事業單位、融資平臺公司等主體為公益性項目或競爭性項目建設直接借入、拖欠或因提供擔保、回購等信用支持而形成的債務。2013 年全國政府性債務審計工作中再次採用審計口徑界定地方政府性債務。

此後，中國政府部門對地方政府性債務的界定不斷完善並逐漸統一。地方政府性債務是指地方政府部門及其機構、全額撥款或經費補助或公用事業單位、政府融資平臺公司和其他相關單位以直接借入、拖欠、回購、融資租賃等融資方式籌集的，到期由地方政府承擔償還責任，或者由地方政府承擔擔保或救助責任的債務（陳志勇、莊佳強等，2017）。

（二）地方政府性債務的分類

依據不同的分類標準，地方政府性債務可以劃分為不同的類型。基於後續分析的需要，本書將根據債務償還責任、償債主體和償債資金性質、政府層級等標準對地方政府性債務進行分類。

根據債務償還責任的不同，可以將地方政府性債務劃分為直接債務和或有債務兩類。直接債務是指不依附於任何其他事件，地方政府在任

何情況下都需要承擔的債務；或有債務是指債務是否最終需要由地方政府承擔是以其他或有事件的發生與否為條件的，主要包括地方融資平臺機構作為舉債主體融資形成的債務。

根據償債主體和償債資金性質，可以將地方政府性債務劃分為政府負有償還責任的債務、政府負有擔保責任的債務和政府可能承擔一定救助責任的債務。政府負有償還責任的債務是指明確需要由財政資金償還的債務，屬於政府直接債務；政府負有擔保責任的債務是指那些當債務人在償還債務面臨困難時，政府因承擔連帶擔保責任而需要履行的債務；政府可能承擔一定救助責任的債務是指當債務人償還債務出現困難時，政府因救助責任而需要履行的債務。政府負有擔保責任的債務和政府可能承擔一定救助責任的債務均是當原債務人無力償還時政府才需要承擔的償還責任，屬於政府或有債務。需要注意的是，政府負有償還責任的債務、政府負有擔保責任的債務和政府可能承擔一定救助責任的債務給政府帶來的風險程度存在明顯差異，因此三類債務不能簡單相加。

根據政府層級標準，可以將地方政府性債務劃分為省級、市級、縣級和鄉鎮級四級債務。

二、地方政府性債務的融資方式

中國中央政府與地方政府的財政分權制度改革後，地方政府的財政支出與財政收入不匹配的問題日漸凸顯。然而，修訂前的《中華人民共和國預算法》和《中華人民共和國擔保法》中明確規定，地方政府不得舉債、發行債券或提供擔保。為了在規避法律約束的前提下，尋求外部資金支持以緩解財政壓力，地方政府或者通過直接出讓土地獲得財政收入，或者以融資平臺為載體以土地為抵押獲取銀行貸款，逐漸形成了以土地為中心的融資模式。

目前，中國地方政府性債務的舉債主體主要有政府部門和機構、融資平臺公司、經費補助事業單位、自收自支事業單位、國有獨資或控股公司和公用事業單位等。債務資金來源渠道主要包括銀行貸款、建設-移交（BT，下同）、其他單位和個人借款、應付未付款項、發行債券（企

業債券、中期票據、短期融資券和地方政府債券)、信託融資、墊資施工延期付款、集資、融資租賃、國債外債等財政轉貸、證券保險業和其他金融機構等。地方政府性債券的舉債主體是政府部門和機構等。

以下主要介紹銀行貸款、發行債券、BT和信託融資四類地方政府融資渠道。

(一) 銀行貸款

地方政府將其擁有的土地資源作為資本注入融資平臺，並使用該土地未來開發收益的資金流入作為抵押向銀行申請貸款。由於地方政府融資平臺屬於獨立於地方政府的法人，並且土地是地方政府作為資本劃撥給融資平臺的，因此該融資方式能夠規避「地方政府不得從銀行借款、不得提供擔保」等法律限制。

與發行股票和債券等直接融資方式相比，銀行貸款具有准入門檻低、手續簡便等優點，是地方政府債務融資渠道的重要選擇。與一般的企業相比，作為舉債主體的地方政府融資平臺資信水準較高，並且以地方政府為擔保，被商業銀行視為優質客戶。

地方政府融資平臺萌芽於中國改革開放時期。1979年，在改革開放政策的帶動下，中國開始推行基本建設「撥改貸」制度改革，地方政府財政資金難以支撐大規模的基礎設施建設資金需要，形成巨大的資金缺口。1987年，上海市政府成立久事公司，創新性地嘗試利用國際資金實現城市基礎設施建設的投融資。上海久事公司被視為最早的地方政府融資平臺。1992年，上海市政府又成立了上海市城市建設投資開發公司，成為中國第一家專業型的地方政府融資平臺。隨後，全國各地開始參考和借鑑這種以融資平臺公司為舉債主體，以地方政府信用為依託，積極引入外部資金參與城市基礎設施建設的投融資模式。

為緩解1997年亞洲金融危機對中國經濟發展的消極影響，地方政府開始實施積極的財政政策和貨幣政策，推進城鎮化戰略。積極的宏觀經濟政策有效地緩解了地方經濟的下行壓力，同時也給地方政府形成了較重的資金壓力。在此背景下，地方政府開始積極探索新的融資方式。銀行貸款在城鎮化進程中，對基礎設施建設發揮了重要的作用。國家開發

銀行開創了銀政合作的「打捆貸款」模式，即以城投公司為舉債主體、由地方政府出具擔保，將市政建設、環保、交通、供水等不同類型的單個建設項目打捆成一個整體項目統一向國有商業銀行申請貸款，以滿足多個城市基礎設施建設項目的資金需要。鑒於該階段地方政府融資平臺的盲目擴張和可能潛在的財政金融風險，2006年該模式被叫停。

2008年爆發了全球性金融危機，中國政府開始實施積極的財政政策和適度寬鬆的貨幣政策以應對金融危機對中國經濟產生的不良影響。為配合經濟刺激政策，地方政府大力推動基礎設施建設投資。2009年3月，中國人民銀行和銀監會聯合發布《關於進一步加強信貸機構調整促進國民經濟平穩較快發展的指導意見》，明確指出「鼓勵地方政府通過多種方式吸引和鼓勵銀行業金融機構加大對中央投資項目的信貸支持力度」。這極大地激發了地方政府組建融資平臺的熱情，各商業銀行紛紛向地方政府融資平臺提供貸款融資。

中國地方政府融資平臺債務規模的井噴式增長和國外一系列主權債務危機的發生，引發了中國中央政府對政府性債務風險的擔憂。2010年6月，國務院發布的《關於加強地方政府融資平臺管理有關問題的通知》中梳理了當前地方政府融資平臺發展中的問題，並要求各級地方政府全面清理融資平臺債務。隨後，一系列規範地方政府融資平臺債務的要求相繼出抬。地方政府融資平臺的資產質量和債務償還能力大幅提升，在一定程度上降低了地方政府性債務風險。

(二) 發行債券

1. 城投債

面對1994年出抬《中華人民共和國預算法》中嚴禁地方政府借債的法律限制，地方政府通過融資平臺的法人主體地位發行城投債。城投債是指由形式上獨立於地方政府、實際隸屬於地方政府的法人融資平臺作為發行主體而公開發行的企業債券。中國的城投債依託於企業債券市場，以企業債券的形式審批發行，規避了《中華人民共和國預算法》的法律限制。與企業債券不同，城投債的舉債主體是融資平臺，主要用於滿足公益項目建設的資金需要，參與城投債發行的各主體都將其視為當地政

府發債，因此城投債又被稱為「準市政債券」。城投債的債券類型主要有企業債、中期票據和短期融資券等。

　　1997年7月，上海市城市建設投資開發總公司首次發行城投債。此後，各地政府融資平臺開始效仿上海市的創新性做法，借助城投債融資。2005年開始，城投債的發債主體不再局限於大型省會城市，發行門檻也不斷降低。2009年3月，中國人民銀行和銀監會聯合發布《關於進一步加強信貸機構調整促進國民經濟平穩較快發展的指導意見》，明確指出「支持有條件的地方政府組建投融資平臺，發行企業債、中期票據等融資工具」。加之企業債的發行由「批准制」變為「核准制」，相關政策推動了依託於企業債券市場的城投債發展，城投債的發行數量和融資規模增長較快。

　　2010年6月，國務院發布的《關於加強地方政府融資平臺管理有關問題的通知》對城投債的發行產生重大影響。此後，相關的整改措施和規範文件相繼出抬，城投債也逐漸步入規範化。

　　2. 中期票據

　　中期票據本質上仍屬於企業債，但是期限一般為3～5年，介於企業債券和商業票據之間，因此被稱為中期票據。中期票據對發行主體的准入門檻設置得比較高，基於發行主體的高信用評級，其發行利率水準相對較低，是地方政府融資平臺門檻高但成本低的融資渠道。由於中期票據的准入門檻較高，部分融資平臺難以達到信用等級要求，因此中期票據成為地方政府融資平臺的補償融資渠道。

　　2008年4月，中糧集團發行第一期價值15億元、信用等級為AAA的中期票據，中期票據開始出現在資本市場。2009年，宏觀經濟政策的實施推動了中期票據發行。2011年後，地方政府融資平臺開始借助中期票據進行融資。

　　3. 地方政府債券

　　地方政府債券是指為滿足公用基礎設施建設的資金需要，地方政府或其代理機構以政府信用為擔保、以稅收收入等作為償還保障公開發行的債券。

1950年，東北人民政府首次發行地方政府債券，用以滿足東北地區經濟建設的資金需要。1998年，為刺激國內經濟，國務院採用「國債轉貸」的方式發行了地方政府債券，財政部增發一定量的國債並轉貸給省級政府，用以滿足地方經濟建設的需要，到期時地方政府向中央政府還本付息。2009年，為配合國家經濟刺激計劃，國務院批准發行地方政府債券，推動了地方政府債券的發展。就發行方式而言，自2009年起，中國地方政府債券相繼經歷了「代收代還」「自發代還」和「自發自還」方式。「代收代還」方式下，只有省級政府可以作為地方政府債券發行主體；「自發代還」主要以上海、浙江、廣東、深圳、江蘇和山東等地為試點地區，允許其在核定的額度內自主發行債券，但是還本付息仍由財政部代辦；「自發自還」在「自發代還」試點地區外，將試點範圍擴展到江西、寧夏、北京和青島，允許其自發自還地方政府債券。2015年起，中國地方債發行建立了一般債券和專項債券並存的發行機制，由地方政府按照市場化運作方式自發自還。自此，中國地方政府債券制度正式建立。

（三）BT

BT是指地方政府通過引入社會資金參與基礎設施項目建設的融資方式，將建設項目承包給項目公司，並由項目公司負責融資和建設，項目建成且驗收合格後轉交給投資者，投資者向項目公司支付總投資款。

2006年《關於嚴禁政府投資項目使用帶資承包方式進行建設的通知》明確要求，政府投資項目一律不得以建築業企業帶資承包的方式進行建設。這限制了墊款施工融資渠道在地方基礎設施建設中的應用，但是並未明確限制採用BT融資渠道。於是，BT融資渠道得到廣泛應用，成為地方政府性債務融資的重要渠道。2012年《關於制止地方政府違法違規融資行為的通知》規定，地方政府及其相關機構不得以BT融資方式舉借債務，但符合條件的融資平臺公司因承擔公共租賃住房、公路等公益性項目的建設確需採用BT融資方式的不受該規定約束。這在一定程度上抑制了BT融資方式的應用。

（四）信託融資

信託融資是地方政府性債務的創新性融資方式，屬於銀信合作類金

融產品。本質上看，信託融資是變相的銀行貸款。地方政府融資平臺和商業銀行就貸款事宜達成共識後，由商業銀行設計理財產品並向投資者發行以籌集資金，商業銀行會將籌集的資金委託信託公司投放於事前約定的融資平臺，用以滿足融資平臺的資金需求。在信託融資渠道中，商業銀行僅充當信用仲介，提供給融資平臺的資金並未占用商業銀行資金，屬於其表外業務；作為商業銀行的代理人，信託公司只提供通道服務，不承擔籌資責任。

面對融資平臺銀行貸款限制，信託融資方式快速發展，成為地方政府性債務融資的重要方式，融資規模增長較快。然而，信託融資方式也存在著潛在的風險。依託於銀信合作理財產品的信託融資方式屬於商業銀行表外業務，規避了商業銀行相關的監管限制，易引發金融風險。因此，自2010年起，銀監會出抬多項限制條款，規範銀信合作理財產品，將其轉入資產負債表中。此後，信託融資方式受到了一定的限制，融資規模有所收縮。

第二節　地方政府性債務融資的理論基礎

一、公共物品理論

基於公共物品的競爭屬性和排他屬性，可以將公共物品劃分為不同的類型。薩繆爾森（1954）將具有消費屬性與非競爭性、非排他性的物品稱為公共物品，具有完全非競爭性和完全非排他性的產品稱為純公共物品，僅具備部分非競爭性與非排他性的產品稱為準公共物品。由於搭便車現象的存在，市場難以有效提供公共物品，因此一般而言，公共物品都是通過政府來提供的，能夠在一定程度上解決搭便車問題。

政府可以分為中央政府和地方政府，公共物品可以由中央政府提供，也可以由地方政府提供。公共物品應當分為不同的層次，對於不同層次的公共物品，中央政府與地方政府應當分開負責。在現實社會中，消費

者（或者說是居民）並不是同質的，偏好不同層次的公共物品。因此，分層次地提供公共物品能夠提高政府的效率（Richard Abel，1959；Wallace，1972）。一般來說，地區性公共物品由地方政府提供，如學校、醫院；國家性公共物品由中央政府提供，如軍隊等。當然，大部分時候很難界定某一公共物品應該由中央政府提供還是由地方政府提供，判別的標準是哪一方提供更有效率。

中央政府不像地方政府那樣貼近生活，因此中央政府有時候獲取的地方信息不真實，在提供公共物品方面不如地方政府有優勢。在中央政府存在信息偏差方面的缺陷時，公共物品由地方政府來提供反而更有效率，中央政府應當適當地放權分權，這樣對地方政府也是一種激勵（Hayek，1945；Richard W Tresch，1975）。地方政府提供公共物品後，私人基於個人偏好選擇自己希望獲得的公共物品，並選擇其住所。因此，地方政府通過提高提供公共物品的效率來吸引更多的人居住在其管轄的區域（Charles，1956）。

由於區域內公共物品的受益者為該區域內的公民，根據受益者出資的原則，該區域內的公共物品應由地方政府提供。然而，由於政府提供的基礎設施等公共物品具有持久性存在的特點，可能會出現非當代人享受當代人提供的公共物品的情況，為了克服公共物品受益人的代際轉移問題，就要求公共物品的提供成本由多代人進行分攤。從公共物品提供的規模來看，處於工業化和城市化進程中的國家一般都存在當期的收入無法滿足公共物品提供的需要。因此，通過債務融資模式提供公共物品具有內在合理性。

二、李嘉圖等價理論

李嘉圖指出，政府無論通過國債融資還是通過稅收融資是沒有區別的，國債僅僅是延遲的稅收，當前的國債需要未來的稅收來予以償還，稅收的現值與國債發行額度相等，即著名的李嘉圖等價理論。李嘉圖等價理論的邏輯基礎是生命週期假說和永久收入假說。通過發行國債進行融資替代徵稅並沒有減少消費者整個生命週期的總稅收負擔，只是支出

的時間不一致，當前的國債發行意味著未來更高的稅收。從本質來看，李嘉圖等價理論認為無論政府是選擇一次性徵收總量稅，還是發行國債，對居民的影響是一樣的。

那麼，居民是否會把手中持有的國債當成其擁有的財富呢？如果居民將國債作為其未來延遲的稅收負擔，則這些債券是不能構成其財富的組成部分的；如果居民沒有意識到未來的納稅義務，或者這些債券依靠政府借新還舊的方式進行償還，那麼這些債券是可以作為其財富的組成部分的。

巴羅（Barro，1974）通過數學推理證明了李嘉圖等價理論，無論政府採取徵稅還是通過債務融資方式籌資，對居民的影響不大。根據李嘉圖等價理論，當前地方政府在城鎮化、工業化建設過程中，選擇了通過債務融資的方式籌措資金提供基礎設施，而不是等到納稅人的稅收累積到一定程度再提供，對居民的持久性負擔是一致的。

三、激勵相容理論

在理性經濟人假設下，如果一種制度可以使得個人及其所在團體的利益最大化的方向保持一致，那麼就可以認為這種制度是激勵相容的（張維迎，2004）。如果在制度設計時就能夠遵循激勵相容原則，市場中存在的利益衝突就可以得到解決，或者就不會產生利益衝突。因此，新制度經濟學理論認為，要提升制度的運行效率，就必須在制度設計時，從制度的目標、機制、框架等方面滿足激勵相容原則。制度設計的激勵相容能夠降低交易成本與費用，提高制度的運行效率。

激勵相容理論認為，由於交易費用的存在，政府融資有了債務和稅收等不同的融資模式。地方政府債務融資的原因有兩個方面：一是政府收入來源有限，資源不足，無法滿足個體的利益最大化，再加上公共物品的外部性特徵決定了居民對公共物品的需求遠大於政府的提供能力；二是地方政府債務融資模式多元化的制度設計是基於降低交易費用的原則，單一的債務融資模式不利於交易成本的降低與運行效率的提高，只有通過引入債券發行、銀行借款、信託計劃等融資方式，才能使得多種

融資模式間產生競爭，降低交易成本。

四、委託-代理理論

委託-代理理論認為，公司管理者與所有者之間存在利益衝突，在信息不對稱的前提下，管理人與委託人之間的目標不一致。因此，為了有效避免管理者的道德風險和逆向選擇問題，制度設計者應制定合理的激勵機制，從而促進企業的價值最大化目標實現。

地方政府的債務融資問題也可以看成一個委託-代理關係。中央政府作為委託人委託地方政府管理當地的經濟社會事務。地方政府向居民提供基礎設施及其他公共服務需要大量資金，在地方收入有限的情況下，地方政府自然就要借助債務融資。地方政府的目標是任期內的業績最大化，即更快的經濟增速或更高的地區生產總值。為了該目標的實現，地方政府往往依靠投資策略，雖然拉動了當前經濟，但是留給下一任政府更多的債務。同時，當地民眾及中央政府由於信息不對稱的原因，對地方的經濟發展狀況瞭解不太深入，無法判斷當前是否需要進行債務融資。因此，中央政府在無法判斷是否需要融資時，往往以地方政府提供的論據為準，無形中加大了地方政府債務融資的規模。

第三節　地方政府性債務融資的本質：土地財政

一、土地財政產生的必然性分析

(一) 現行土地制度的不完善

現行的土地制度是土地財政出現並促進其發展的最主要因素。正是由於現行的城鄉二元土地制度才使得土地財政成為可能。城鄉二元的土地制度是指城市土地國家所有與農村土地農民集體所有兩種土地所有制相結合的土地制度。在這樣的土地制度下，土地的處分權高度地集中在國家的手中，由國家決定如何分配土地，以實現公共利益最大化。地方

政府作為中央政府的權力執行者，就會代中央政府進行土地分配。有了這樣的權力之後，各級地方政府就會以較低的價格從農民手中把土地買進來，與此同時，再以較高的價格將土地出售出去。這樣一進一出就構成了地方政府的土地出讓金，並且以此來增加地方政府的收入，這就是典型的以土地生財的財政制度。不僅如此，這與下文中即將提到的政府官員考核制度相聯繫，更加刺激了地方政府低價買地、高價售地的行為。

（二）分稅制財政體制改革的驅動

分稅制財政體制改革使得中央政府占據了大部分的稅收收入，地方政府的財政收入減少，這就是所謂的「財權上移」。與之相對的並不是地方政府支出的減少反而是地方政府支出的增加，這就是所謂的「事權下放」。這樣一來就使得地方政府的財政收入過少而財政支出偏多，造成地方政府的財政赤字。正是由於財政收入減少，地方政府不得不開發其他的融資渠道。

地方政府開始通過向銀行借款或發行債券等方式融資，但這兩種融資方式都存在違約的風險，會對地方政府的聲譽造成影響。通過提高稅收的方式融資，會引起社會公眾的不滿情緒，這也不是一種好的融資方式。根據李嘉圖等價理論可知，地方政府當前通過發行債務或借款融資將來都是通過提高稅收的方式進行償還，兩者的性質是等價的。如果拋開這幾種融資方式，那麼通過土地財政的模式增加政府收入則是「最佳之選」，即地方政府通過出售土地獲得的收入全部納入地方政府的財政收入。綜上所述，地方政府通過土地財政模式進行融資將是首選。

（三）晉升機制和考核方式的不規範

不規範的政府官員考核機制是土地財政產生及發展的推動因素。對政府官員的考核及晉升主要是根據其在任時做出的政績，這樣的制度在一定程度上就使得政府官員一味地看重當期的 GDP。加之，官級越高的官員所占比例越小，因此地方政府官員為了得到晉升的機會，就不得不展開激烈的競爭。

土地財政給地方政府官員的政績提供了資金支持。對土地的低買高賣能夠獲得土地出讓金，而這部分資金直接歸屬於地方政府的財政收入。

財政部公布的 2013 年財政收支情況顯示，2013 年，全國土地出讓總金額達到 4.1 萬億元，而全國公共財政收入為 12.9 萬億元，土地出讓收入占財政總收入的 1/3 左右。由此可見，地方政府通過土地財政模式獲得的財政收入能夠為地方政府進行基礎設施建設及公共物品的供給提供大額的資金支持。除此以外，還有足夠的剩餘資金供地方政府進行「形象工程」建設。地方政府不僅可以依靠土地財政獲得資金支持，還能以低價出售土地以吸引投資，吸引更多的廠商開工建廠，通過這一手段促進當地的經濟發展與就業。這種現象存在於中國許多中小城鎮，當地政府將農村土地低價出售，鼓勵投資建廠，帶動了整個城鎮的發展，並且解決了就業問題。眾所周知，地方政府通過土地財政提高自身政績的主要手段是進行房地產開發，通過房地產行業的發展加快城鎮化的進程。

綜上所述，土地財政為地方政府官員的晉升提供了機會。通過土地財政得到的收入，不僅可以幫助地方政府官員較好地完成基礎設施建設，還能夠促進經濟的發展。

二、土地財政的利弊分析

雖然中國的許多學者都認為土地財政問題較為嚴重，必須徹底改革。但是，土地財政的出現也有其合理性和必然性，對於土地財政的分析必須客觀。土地財政有著不能忽視的積極作用，推動了中國經濟的發展。土地財政的正面影響主要有以下三個方面：

首先，分稅制改革後，中國地方政府財政收入急遽下降，但是其承擔的義務與責任沒有相應地減少，導致地方財政出現問題。顯而易見，土地財政的出現為地方政府解決了財政收入問題，帶來了新的財政收入來源。地方政府在履行其職責時多了強大的經濟支持，也很好地完成了分稅制改革。

其次，土地財政為中國城鎮化建設奠定了基礎。地方政府將低價徵收的土地使用權轉讓，獲得財政收入。同時，開發商用較低的成本獲得了使用權，低廉的成本使企業有了擴張發展的前提。地方政府將財政收入資金投入基礎設施建設中，進一步推進了城鎮化進程。

最後，土地財政促進了宏觀經濟及房地產等相關行業的迅猛發展。地方政府低價從農民手中購進土地後，有很大一部分用以招商引資。這樣一來，就會吸引更多的企業在當地開辦工廠或開發項目。當企業越來越多時，不僅能夠給地方政府帶來豐厚的資金回報，還會解決當地的就業問題，推動當地經濟的發展。此外，深受土地財政恩澤的房地產行業的發展同時也促進了宏觀經濟的發展。不僅如此，建築行業也得到了長足發展，建築行業的相關稅收是地方政府財政收入的重要來源。於是，地方政府就會採用土地財政的模式大力發展房地產行業和建築行業，不僅促進了經濟的發展而且為當地政府融入了更多的資金。

雖然土地財政對中國近幾年的發展起到了不可忽視的作用，但是這種形式確實存在大量的負面影響，需要整改。土地財政的負面影響主要有以下四個方面：

第一，土地財政損害了農民的利益，不利於社會穩定。土地資源是有限的，當政府將城市用地徵用完後，徵用農業用地是必然選擇。而土地財政根本上是以犧牲農民的利益為基礎來發展的。農民利益受損的原因主要來源於兩方面：一方面，國家規定的土地徵用補償標準較低，一次性的補償並不能夠完全衡量土地增值的利益；另一方面，鄉鎮政府也參與了土地收益的利益分配，農民能夠得到的補償就更少了，最終造成農民與地方政府分享土地出讓收益，並且分配比例失衡。

農民的利益受損，同時大量的耕地被占用，農民無地可耕，生存得不到足夠的保障。於是，一些農民就會選擇進入城市謀生。然而，嚴格的城鄉戶籍制度讓這些農民工進入城市後不能像市民一樣享受福利，有時還會受到來自各個方面的歧視。農民是中國數量最大的群體，在生活保障不完善的情況下，很容易引發矛盾、衝突以及各種群體性事件，影響社會穩定。

第二，房價地價相互助推，加劇房地產市場持續高漲。土地財政對房地產市場的作用是最直接，也是最顯著的。地方政府徵用土地大多出讓給房地產開發商，不僅使地方政府的財政收益劇增，更重要的是房價也持續激增。目前，可開發的土地越來越少，有限的土地資源供求關係

越發緊張。地方政府為了獲得更多財政收入，勢必提高土地使用權轉讓價格；同時，開發商因為成本增加，也必然會提高房價。顯而易見，最後的承擔者是購房者。在中國的傳統觀念中，對於自有住房的需求是根深蒂固的，而人口眾多，對房屋的需求則會只增不減。這些購房者不得不承受被抬高的房價，降低了其生活水準。同時，一些投機者趁機進入市場再次抬高房價，最終造成貧富差距顯著。這會導致低收入居民的不滿，影響社會穩定和諧。

第三，土地財政透支未來發展。一般而言，中國的土地使用權都是近幾十年，這意味著一次的出讓收取了近幾十年的財政收入。而政府在使用這些資金時並沒有按幾十年來規劃，這就是在預支未來的收益。當未來的地方政府需要財政收入卻「沒地可賣」時，財政支出將難以保障，市政建設就會止步不前。

與此同時，地方政府的土地財政不僅讓土地總量減少，還會導致耕地資源的缺乏。國家為了維持「18億畝」的糧食耕地，出抬了「占一補一」的政策，但是補的土地並不像占的土地那樣可以馬上生產糧食，這些土地一般都缺少耕作條件從而不能保證有效生產。因此，土地財政對耕地資源也是透支的，還對生態環境造成了嚴重破壞。

第四，土地財政易誘發腐敗。土地財政有一個從徵地到轉讓的過程，這一過程很容易產生尋租。一般來說，土地出讓收入是十分可觀的，個別開發商並不會吝嗇於比例較小的尋租費用。由此就會致使個別地方政府將自身位置擺錯，開始為自身利益最大化而決策。土地交易的定價機制尚不完善，缺乏公開透明的市場化決定機制。這其中，政府官員的權力就不容忽視了，時間久了個別地方政府就成了追逐利益的生意人。在中國近幾年查處的土地違法案件中出現了很多官員因土地腐敗而入囹圄。

綜合以上幾點可以看到，土地財政雖然有其正面影響，但是其弊端卻更為嚴重。這樣一種政府融資手段並不是長遠之計，不僅會讓政府陷入土地供給不足時資金不足的窘境，還會讓居民的福利大大下降，衍生出許多民生問題。

三、土地財政的風險分析

（一）土地財政的不可持續性風險

在中國，土地財政的不可持續性風險主要表現在以下三個方面：

首先，近幾年地方政府依靠土地財政模式來獲取財政收入的現象愈演愈烈，地方政府出讓的土地越來越多。然而，中國的土地資源是非常有限的，地方政府出讓土地獲取財政收入難以維持。加之中國目前的耕地保護制度，地方政府也難以像之前一樣，低價從農民手中購入土地再轉手賣出。因此，地方政府所能依託出讓的土地不能持續地供給，土地財政將面臨不可持續的風險。

其次，地方政府對於土地出讓金的管理缺乏長遠的規劃。在中國，只要一項基礎設施建設或公共物品是對地方政府有利的，那麼地方政府就會投入資金進行建設，有時甚至會不惜成本地投資，導致地方政府的可支配收入減少。與此同時，可供出讓的土地資源的減少，地方政府不能夠及時地增加財政收入就會出現嚴重的財政赤字，土地財政的不可持續性風險暴露無遺。

最後，當政府意識到土地財政不可持續風險時，就會加快在任領導對土地的出讓進度。目前中國政府官員的政績考核制度尚不完善，每一個在任的政府官員都想做出一番政績，其中一些官員往往就不惜犧牲以後的利益來為現在謀福利。由於土地財政的不可持續性，地方政府官員在任時就會加快土地出讓的步伐以及年限來提前獲取之後幾年的土地收益。這進一步加劇了土地財政不可持續性風險的爆發。

（二）土地財政會誘發財政風險與金融風險

土地財政觸發財政風險的作用機制可以從兩個方面進行分析：

一方面，地方政府利用土地財政模式獲得財政收入，會導致地方政府原有的資源發生改變，造成不確定性。土地作為地方政府擁有並可以控制的資源，在地方政府融資方面發揮了重要的作用。地方政府將土地低買高賣，獲取價差收益；或者是以其作為向銀行借貸的擔保物；甚至有些地方政府的債務無法償還時，以土地作為抵押或用賣地的錢來彌補

債務。不論地方政府將土地進行怎樣的交易，都是在轉讓土地的使用權。但是土地作為不可再生資源，隨著土地交易數量的增多，地方政府擁有的土地量就會減少。由此可見，地方政府將越來越難獲得銀行借貸，其發行的債務也將難以償還，財政赤字將無法扭轉，從而造成嚴重的財政風險。土地財政雖然能夠促進房地產行業的發展，為地方政府帶來稅收收入。但是，在中國，這種稅收資源的增加量與土地資源的減少量相比，並不平衡。因此，總體來看，地方政府自身擁有的資源還是減少了，這樣就容易引發財政風險。

另一方面，地方政府利用土地財政模式來增加財政收入，同時也會導致地方政府支出的增加。地方政府主要依靠融資平臺向銀行借款。依託於土地財政，融資平臺的規模越來越大，會導致到期應當償付的本息額增加。由此可見，地方政府的支出也相應地增加了。

綜上所述，地方政府依靠土地財政的模式進行融資，不僅能夠增加地方政府的財政收入，同時也增加了政府的支出，減少了地方政府自身擁有的資源。這容易造成地方政府難以償還貸款、彌補債務，導致地方政府的信用受損。由此可見，土地財政容易觸發財政風險。

土地財政還可能誘發金融風險。在中國，地方政府的財政收入主要來源於稅收收入、向銀行借款或發行債券。但不論是向銀行借款還是發行債券，地方政府都是以土地作為抵押的，由此可見，土地抵押貸款才是主要的來源。基於上述對財政風險的分析可知，當政府擁有的土地資源減少時，地方政府獲得的貸款也隨之減少。在中國的一些地方存在一種非常嚴峻的現象，就是一些地方政府往往是用新的借款來償還舊的債務。這樣一來，就造成了地方政府不能夠償還債務的現象，通過連鎖反應就會引發金融風險。

第三章　四川省地方政府性債務融資現狀

按照《中華人民共和國審計法》的規定和《國務院辦公廳關於做好全國政府性債務審計工作的通知》的要求，在相關單位的支持和配合下，2013年8~9月，審計署統一組織成都特派員辦事處、四川省各級審計機關共計3,884位專業審計人員，秉承「見人、見帳、見物，逐筆、逐項審核」的原則，對四川省、21個市（州）、182個縣（區、市）、4,367個鄉（鎮）（以下分別簡稱省級、市級、縣級、鄉鎮）的政府性債務情況展開了系統審計。該次審計共涉及6,914個政府部門和機構、574個融資平臺公司、6,437個經費補助事業單位、113個公用事業單位和1,190個其他單位，涉及77,008個項目、361,484筆債務。

四川省審計廳於2014年1月24日公告了《四川省政府性債務審計結果》，用以反應截至2013年6月底四川省地方政府性債務情況。此次審計結果是目前最新的、公開的、全面的反應四川省各層級的地方政府性債務情況的文件。基於數據的可得性，本書將以《四川省政府性債務審計結果》《四川地方政府融資平臺發展報告》、其他省份政府性債務審計結果和其他相關報告文件為資料來源，系統梳理和反應四川省地方政府性債務融資現狀。

第一節　四川省地方政府性債務規模與結構

一、四川省地方政府性債務規模

《四川省政府性債務審計結果》顯示（見表3-1），截至2013年6月底，四川省、市、縣、鄉各級政府負有償還責任的債務為6,530.98億元，負有擔保責任的債務為1,650.90億元，可能承擔一定救助責任的債務為1,047.74億元。與2012年年底四川省地方政府性債務規模相比，政府負有償還責任的債務、負有擔保責任的債務和可能承擔一定救助責任的債務分別增加了997.39億元、65.83億元和163.62億元，增長率分別為18.02%、4.15%和18.51%。

表3-1　　　　　　　　四川省政府性債務規模情況表

政府債務類型		2012年12月底（億元）	2013年6月底（億元）	變動額（億元）	增長率（%）
政府直接債務	政府負有償還責任的債務	5,533.59	6,530.98	997.39	18.02
政府或有債務	政府負有擔保責任的債務	1,585.07	1,650.90	65.83	4.15
	政府可能承擔一定救助責任的債務	884.12	1,047.74	163.62	18.51

資料來源：根據《四川省政府性債務審計結果》（四川省審計廳2014年1月24日公告）整理計算而得

筆者依據地方政府性債務近年來在融資方式和舉債主體上出現的新情況，對政府或有債務做進一步分析。根據《四川省政府性債務審計結果》披露，四川省政府負有擔保責任的債務中，其中財政全額撥款事業單位為其他單位提供擔保形成的債務餘額為1.18億元；政府可能承擔一定救助責任的債務中，地方政府通過自收自支事業單位、國有獨資或控股企業等新的舉債主體和通過BT、墊資施工、融資租賃等新的舉債方式

為公益性項目舉借且由非財政資金償還的債務餘額為285.93億元。

二、四川省地方政府性債務結構

這部分從層級結構、舉債主體結構、資金來源結構、資金投向結構和資金未來償還結構五個方面對四川省地方政府性債務結構進行分析。

（一）四川省地方政府性債務層級結構

就政府負有償還責任的債務來看（見圖3-1），四川省省級、市級、縣級和鄉鎮政府負有償還責任的債務分別為352.24億元、2,030.58億元、3,878.38億元和269.78億元，占四川省地方政府負有償還責任的債務比重分別為6%、31%、59%和4%。可以看出，市、縣兩級政府承擔著高達90%的債務償還責任，是地方政府性債務承擔的主要層級。

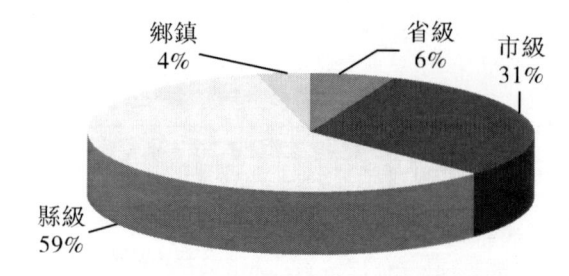

圖3-1　2013年6月底四川省政府負有償還責任債務層級結構

資料來源：根據《四川省政府性債務審計結果》（四川省審計廳2014年1月24日公告）整理計算而得

從政府層級來看，各層級政府承擔的政府債務結構存在差異（見表3-2）。四川省省級政府承擔的政府債務中，政府負有償還責任的債務、政府負有擔保責任的債務和政府可能承擔一定救助責任的債務分別為352.24億元、410.13億元和74.78億元。可以看出，政府負有擔保責任的債務占比為48.99%，政府可能承擔一定救助責任的債務份額較小。市級、縣級和鄉鎮政府承擔的債務中，政府負有償還責任的債務均佔有絕對比重，特別是鄉鎮級政府負有償還責任的債務占比達到97.76%。或有債務中，市級的政府負有擔保責任的債務略低於政府可能承擔一定救助責任的債務，縣級的政府負有擔保責任的債務明顯高於政府可能承擔一

定救助責任的債務，鄉鎮級的政府負有擔保責任的債務略高於政府可能承擔一定救助責任的債務。

表 3-2　　　　2013 年 6 月底四川省各級政府性債務規模情況表

政府層次	政府負有償還責任的債務		政府或有債務			
			政府負有擔保責任的債務		政府可能承擔一定救助責任的債務	
	金額(億元)	占比(%)	金額(億元)	占比(%)	金額(億元)	占比(%)
省級	352.24	42.08	410.13	48.99	74.78	8.93
市級	2,030.58	67.84	464.29	15.51	498.30	16.65
縣級	3,878.38	75.70	773.11	15.09	471.86	9.21
鄉鎮	269.78	97.76	3.37	1.22	2.80	1.01
合計	6,530.98	70.76	1,650.90	17.89	1,047.74	11.35

資料來源：根據《四川省政府性債務審計結果》（四川省審計廳 2014 年 1 月 24 日公告）整理計算而得

（二）四川省地方政府性債務舉債主體結構

從舉債主體角度（見表 3-3）來看，政府部門和機構、融資平臺公司、經費補助事業單位是負有償還責任的政府性債務的主要舉債主體，舉債規模分別為 2,430.52 億元、2,392.72 億元、815.49 億元，占政府負有償還責任債務總額的 37.22%、36.64% 和 12.49%，合計高達 86.34%。同樣地，政府負有擔保責任的債務的舉債主體主要是融資平臺公司、國有獨資或控股公司、政府部門和機構，分別占政府負有擔保責任債務總額的 47.13%、27.01% 和 17.59%，合計約為 91.73%。政府可能承擔一定救助責任債務的舉債主體較為集中，主要是融資平臺公司，舉債規模占到政府可能承擔一定救助責任債務總額的 66.22%。此外，經費補貼事業單位的舉債規模占到政府可能承擔一定救助責任債務總額的 16.61%。

由此可以看出，融資平臺公司是四川省地方政府性債務的重要舉債主體之一，政府部門和機構、經費補貼事業單位的舉債地位也不能忽視。

表 3-3　　2013 年 6 月底四川省政府性債務餘額舉債主體情況表

舉債主體	政府負有償還責任的債務		政府或有債務			
			政府負有擔保責任的債務		政府可能承擔一定救助責任的債務	
	金額（億元）	占比（%）	金額（億元）	占比（%）	金額（億元）	占比（%）
政府部門和機構	2,430.52	37.22	290.38	17.59	0	0
融資平臺公司	2,392.72	36.64	778.06	47.13	693.78	66.22
經費補貼事業單位	815.49	12.49	26.16	1.58	174.03	16.61
自收自支事業單位	386.15	5.91	3.13	0.19	44.09	4.21
國有獨資或控股公司	382.47	5.86	445.94	27.01	121.85	11.63
其他單位	105.48	1.62	104.69	6.34	0	0
公用事業單位	18.15	0.28	2.54	0.15	13.99	1.34
合計	6,530.98	100	1,650.9	100	1,047.74	100

資料來源：根據《四川省政府性債務審計結果》（四川省審計廳 2014 年 1 月 24 日公告）整理計算而得

（三）四川省地方政府性債務資金來源結構

從債務資金來源角度來看（見表 3-4），四川省地方政府性債務資金來源渠道多樣化，包括銀行貸款、BT、其他單位和個人借款、應付未付款項、發行債券、信託融資、墊資施工和延期付款、集資、融資租賃、國債和外債等財政轉貸以及證券、保險業和其他金融機構融資等。

截至 2013 年 6 月底，四川省政府負有償還責任債務的主要來源為銀行貸款、BT、其他單位和個人借款，分別為 2,555.28 億元、1,301.69 億元和 821.47 億元，分別占政府負有償還責任債務總額的 39.13%、19.93%和 12.58%。政府負有擔保責任的債務主要來源於銀行借款和發行債券，分別占到政府負有擔保責任的債務總額的 68.69%和 9.21%。政府可能承擔一定救助責任的債務的來源渠道主要是銀行借款和發行債券，分別占到政府可能承擔一定救助責任的債務總規模的 47.16%和 12.09%。

由此可以看出，四川省地方政府性債務的資金來源以銀行貸款為主，在政府負有償還責任的債務、政府負有擔保責任的債務和政府可能承擔一定救助責任的債務中都表現得非常突出。此外，政府利用社會資金承

建基礎設施類項目的 BT 融資方式也是政府負有償還責任債務的重要籌資渠道，發行債券在政府負有擔保責任和政府可能承擔一定救助責任兩類政府或有債務中的占比較高。政府發行的債券類型主要有地方政府債券、企業債券、短期融資券和中期票據，其中地方政府債券和企業債券是政府負有償還責任的債務和政府負有擔保責任的債務的主要發債類型，企業債券是政府可能承擔一定救助責任債務的主要發債類型。

表 3-4　　2013 年 6 月底四川省政府性債務資金來源情況表

債權人類別	政府負有償還責任的債務 金額（億元）	占比（%）	政府或有債務 政府負有擔保責任的債務 金額（億元）	占比（%）	政府可能承擔一定救助責任的債務 金額（億元）	占比（%）
銀行貸款	2,555.28	39.13	1,134.03	68.69	494.13	47.16
BT	1,301.69	19.93	51.68	3.13	87.5	8.35
其他單位和個人借款	821.47	12.58	52.08	3.15	85.88	8.20
應付未付款項	726.9	11.13	4.92	0.30	21.09	2.01
發行債券	510.17	7.81	152.11	9.21	126.71	12.09
其中：地方政府債券	349.75	5.36	100.25	6.07	0	0
企業債券	147.03	2.25	51.4	3.11	101.23	9.66
短期融資券	0	0	0.06	0	0	0
中期票據	12.6	0.19	0	0	25.48	2.43
信託融資	262.17	4.01	133.34	8.08	166.97	15.94
墊資施工和延期付款	212.31	3.25	1.74	0.11	15.49	1.48
集資	43.43	0.66	4.01	0.24	15.32	1.46
融資租賃	42.72	0.65	2.83	0.17	33.7	3.22
國債和外債等財政轉貸	41.05	0.63	112.39	6.81	0	0
證券、保險業和其他金融機構融資	13.79	0.21	1.77	0.11	0.95	0.09
合計	6,530.98	100	1,650.9	100	1,047.74	100

資料來源：根據《四川省政府性債務審計結果》（四川省審計廳 2014 年 1 月 24 日公告）整理計算而得

(四) 四川省地方政府性債務資金投向結構

從債務資金投向角度來看（見表3-5），四川省地方政府性債務融資主要用於基礎設施建設和公益性項目支出，包括市政建設、交通運輸設施建設、土地收儲、保障性住房、科教文衛、農林水利建設、工業和能源、生態建設和環境保護等。

截至2013年6月底，已支出的政府負有償還責任的債務餘額合計為6,136.10億元。其中，用於市政建設和交通運輸設施建設等基礎設施建設類項目的支出分別占31.36%和18.40%，合計為49.76%；用於土地收儲、保障性住房、科教文衛、農林水利建設、生態建設和環境保護的支出占比合計為29.74%。政府負有擔保責任的債務中，除用於工業和能源、其他等投資方向外，其餘均用於基礎設施建設和公益項目，占政府負有擔保責任的債務總規模的81.83%。其中，用於市政建設和交通運輸

表3-5　　2013年6月底四川省政府性債務餘額投向情況表　　單位：億元

債務支出投向類型	政府負有償還責任的債務		政府或有債務			
			政府負有擔保責任的債務		政府可能承擔一定救助責任的債務	
	金額（億元）	占比（%）	金額（億元）	占比（%）	金額（億元）	占比（%）
市政建設	1,924.28	31.36	483.78	31.02	347.72	37.08
交通運輸設施建設	1,129.25	18.40	543.55	34.85	82.44	8.79
土地收儲	716.17	11.67	21.06	1.35	22.02	2.35
保障性住房	507.19	8.27	115.78	7.42	76.09	8.11
科教文衛	317.05	5.17	50.06	3.21	174.14	18.57
農林水利建設	167.13	2.72	23.72	1.52	29.77	3.17
工業和能源	144.95	2.36	52.53	3.37	27.79	2.96
生態建設和環境保護	117.4	1.91	30.23	1.94	46.54	4.96
其他	1,112.68	18.13	238.94	15.32	131.21	13.99
合計	6,136.1	100	1,559.65	100	937.72	100

資料來源：根據《四川省政府性債務審計結果》（四川省審計廳2014年1月24日公告）整理計算而得。

設施建設的占比分別為31.02%和34.85%。政府可能承擔一定救助責任的債務中用於市政建設、交通運輸設施建設、土地儲備、保障性住房、科教文衛、農林水利建設、生態建設和環境保護等基礎設施和公益項目建設支出占政府可能承擔一定救助責任的債務總額的83.04%。其中,用於市政建設的占比為37.08%。

總體而言,四川省地方政府性債務的投資方向較為集中,近80%的政府性債務資金投向了基礎性和公益性領域,市政建設和基礎設施建設的投資占較高份額。這對推動四川省經濟發展、城市化建設具有重要的意義。一方面,促進了四川省經濟發展方式轉變,有力推進災後恢復重建,區域經濟發展更趨協調,城鎮發展質量得到提升,基礎設施瓶頸制約逐步消除,民生事業持續改善,生態環境得到有效治理;另一方面,既很好地保證了地方經濟社會發展的資金需要,產生了較好的經濟效益、社會效益和生態效益,推動了民生改善和社會事業發展,又形成了大量優質資產,如保障性住房等債務產生租金或出售收入等能夠作為償債來源。

(五) 四川省地方政府性債務資金未來償還結構

從債務未來還本付息年度角度來看(見表3-6),政府負有償還責任的債務中,2013年下半年、2014年到期需償還的債務占比分別為31.01%和21.98%,2015年、2016年和2017年到期需償還的債務占比分別為16.67%、9.89%和6.57%,2018年及以後到期需償還的債務占比為13.88%。可以看出,政府負有償還責任的債務中2014年內需要償還的債務占比超過一半。

政府負有擔保責任的債務中,2013年下半年、2014年到期需償還的債務占比分別為14.53%和20.40%,2015年、2016年和2017年到期需償還的債務占比分別為12.71%、8.17%和7.62%,2018年及以後到期需償還的債務占比為36.57%。可以看出,如果發生或有事項,2014年內需要償還的債務占比最高為35%,近36.57%的擔保責任分佈在2018年及以後。政府可能承擔一定救助責任的債務中,2013年下半年、2014年到期需償還的債務占比分別為19.08%和21.88%,2015年、2016年和2017

年到期需償還的債務占比分別為 16.55%、12.12% 和 10.76%，2018 年及以後到期需償還的債務占比為 19.62%。如果情況比較悲觀、發生或有事項，2014 年內需要償還的債務占比最高為 40%，將近 60% 的救助責任分佈在 2015 年及以後。

由上述分析可以看出，隨著時間的推移，地方政府性債務償還額度總體呈現逐年下降的趨勢。政府負有償還責任的直接債務償還主要集中在下一個年度，相對比較集中。如果綜合考慮直接債務和或有債務，即使或有事件發生，或有債務的償還也僅有 30%~40% 集中在下一個自然年度。

表 3-6　　2013 年 6 月底四川省政府性債務餘額未來償債情況表

償債年度	政府負有償還責任的債務		政府或有債務			
			政府負有擔保責任的債務		政府可能承擔一定救助責任的債務	
	金額（億元）	占比（%）	金額（億元）	占比（%）	金額（億元）	占比（%）
2013 年下半年	2,025.26	31.01	239.95	14.53	199.86	19.08
2014 年	1,435.45	21.98	336.77	20.40	229.21	21.88
2015 年	1,088.68	16.67	209.78	12.71	173.41	16.55
2016 年	645.99	9.89	134.8	8.17	126.98	12.12
2017 年	428.91	6.57	125.86	7.62	112.75	10.76
2018 年及以後	906.69	13.88	603.74	36.57	205.53	19.62
合計	6,530.98	100	1,650.9	100	1,047.74	100

資料來源：根據《四川省政府性債務審計結果》（四川省審計廳 2014 年 1 月 24 日公告）整理計算而得

三、四川省地方政府融資平臺債務規模與結構

根據前面的分析可知，地方政府融資平臺是四川省地方政府性債務融資的重要舉債主體之一，也是引發地方政府性債務風險的主要領域。因此，這部分將基於《四川省地方政府債務平臺發展報告》對四川省地方政府融資平臺債務規模和結構進行分析。

僅從四川省地方政府融資平臺債務來看，截至 2013 年 6 月底，四川省融資平臺共計 537 戶，實現的全口徑融資總量為 7,915.5 億元。其中，銀行貸款餘額為 5,082.7 億元（占比 64.2%），包括監測類平臺貸款 2,348.9 億元（占比 46.18%），比 2013 年年初增加 339.6 億元；監管類平臺貸款 2,737.4 億元（占比 53.82%）。

從平臺層級角度來看，省、市、區（縣）平臺銀行貸款的占比分別為 26.90%、40.08%、33.02%，以市級融資平臺的貸款規模為主，省級融資平臺的貸款規模相對較低。

從融資渠道角度來看，基於銀行貸款外的其他方式的融資餘額為 2,832.79 億元，占比 35.80%。其中，信託公司、租賃公司融資占比 32.03%；通過發行中期票據、企業債（含城投債）、短期融資等標準化債券融資占比 27.85%，從證券、基金、保險等機構融資占比 11.03%；通過合夥制基金、資產管理公司、財務公司和私募股權等融資占比 8.5%；通過 BT 融資占比 8.5%。

從資金投向角度看，交通基礎設施、市政基礎設施、土地儲備、保障房、水利及農村基礎設施貸款占比分別為 29.07%、29.4%、9.45%、8.52%、4.63%、4.11%。可以看出，同四川省地方政府性債務投向一致，資金主要投向於基礎性和公益性項目，並且在交通基礎設施和市政基礎設施的投資比較集中。

從融資成本角度來看，四川省融資平臺加權平均貸款年化利率僅為 6.94%，理財（表外融資）年化資金成本約為 8%～16%；中期票據年化資金成本約為 5.5%～10%；信託公司集合項目、租賃公司項目年化資金成本約在 18%～25%；證券、基金、保險年化資金成本約在 9%～19%；私募股權等形式融資，年化資金成本不低於 20%。結合融資渠道結構，四川省融資平臺融資主要來源於銀行貸款，資金成本相對較低；信託公司、租賃公司融資等融資量占比也較高，會推高資金成本水準。

四、四川省地方政府性債務風險

地方政府性債務風險是指地方政府因無力履行其未來應承擔的債務本息償還責任，導致地方的經濟與社會發展可能受到的損害。

目前政府性債務風險的識別標準有兩個：一是定性標準，從地方政府性債務風險的定義上進行識別；二是量化指標，主要根據國際上地方政府性債務風險的測定指標體系進行判斷。

衡量地方政府性債務風險的量化指標主要有債務率、債務負擔率、償債率、新增債務率、擔保債務比重、利息支出率、債務依存度和資產負債率。這些指標能夠在一定程度上衡量經濟總規模或政府當年綜合財力對政府性債務的保障能力，指標值越高，表明發生債務風險的可能性越大。其中，債務率是指年末債務餘額與當年政府綜合財力（一般為當年地方政府財政收入）的比率，是衡量地方政府性債務風險的核心指標，一般以100%作為警戒線。另外，逾期債務率是指年末逾期債務餘額占年末債務餘額的比重，是刻畫地方政府到期不能償還債務所占比重的指標。

本書將以債務率和逾期債務率兩個指標為代表，測度四川省地方政府債務負擔和風險。由於上述量化指標計算需要年度綜合財力數據，因此僅對截至2012年年底四川省地方政府性債務情況進行分析。

（一）債務率

《四川省政府性債務審計結果》顯示，截至2012年年末，四川省地方政府負有償還責任的債務的債務率為71.58%。政府負有擔保責任的債務和政府可能承擔一定救助責任的債務屬於政府或有債務，絕大多數有對應的債務人且有相應的經營收入作為償債來源，只有在被擔保人和債務人自身無力償還時，政府才需要承擔一定的賠償或救助責任。根據2007年以來四川省全省政府各年度負有擔保責任的債務和可能承擔一定救助責任的債務當年的償還本金，按財政資金實際償還的最高比率折算後，《四川省政府性債務審計結果》披露，截至2012年年末，四川省地方政府性債務的總債務率為77.65%。

（二）逾期債務率

《四川省政府性債務審計結果》顯示，截至 2012 年年末，四川省地方政府負有償還責任債務減去應付未付款項形成的逾期債務後，逾期債務率為 3.19%；政府負有擔保責任的債務、可能承擔一定救助責任的債務的逾期債務率分別為 3.39% 和 5.20%。

綜上分析可以看出，四川省地方政府性債務風險總體可控。綜合考慮政府負有償還責任債務、負有擔保責任的債務、可能承擔一定救助責任的債務後，四川省地方政府債務的債務率為 77.65%。這表明，四川省地方政府當年的綜合財力對政府債務仍有較強的保障能力。就違約率來看，四川省地方政府負有償還責任債務的逾期違約率為 3.19%，預期違約發生的可能性較低。

五、地方政府性債務的橫向比較

2013 年 12 月底，審計署公布了《全國政府性債務審計結果》。2014 年 1 月起，除西藏自治區和港、澳、臺地區外，全國各省份審計廳先後公布了政府性債務審計結果。為了更準確地把握四川省地方政府性債務現狀，明確四川省地方政府性債務在全國和西部地區的相對狀況，這部分將基於 2012 年年底政府性債務審計結果，就四川省地方政府債務水準同全國各地區政府債務平均水準、西部地區其他省份（除西藏自治區外）政府債務水準進行對比。

（一）債務率對比

2013 年 12 月 30 日公布的《全國政府性債務審計結果》顯示，截至 2012 年年底，綜合考慮政府負有償還責任的債務、政府負有擔保責任的債務和可能承擔一定救助責任的債務折算後，總體負債率為 39.43%，低於 60% 的國際警戒線。

就 30 個省級地方政府的總體債務率來看（見圖 3-2），截至 2012 年年底，總體債務率超過 90% 的有四個省份，依次分別為北京（99.86%）、重慶（92.75%）、貴州（92.01%）和雲南（91.01%），其中有三個省市位於中國西部地區。此外，湖北（88%）、上海（87.62%）、吉林

債務審計結果》顯示，截至 2012 年年底，全國政府負有償還責任的債務負債率為 36.74%。30 個省級地方政府負有償還責任的債務負債率中（見圖 3-4），四川省居於較高水準，僅次於北京（98.93%）、貴州（83.62%）、湖北（77.64%）、雲南（77.14%）、上海（76.12%）和吉林（75.58%），位於第七位。

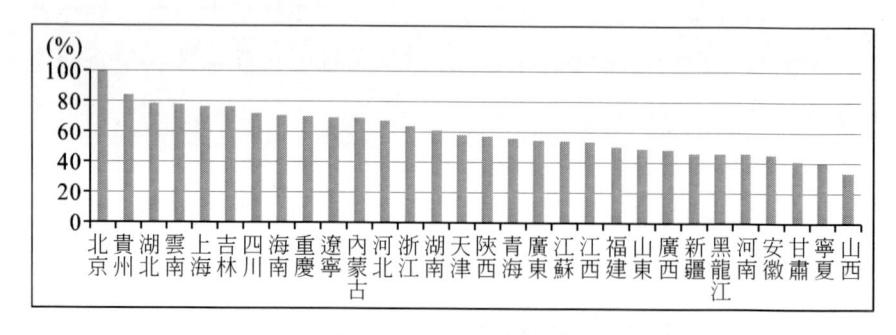

圖 3-4　30 個省級政府負有償還責任債務率柱形圖

資料來源：根據 2013 年各省份地方政府性債務審計結果整理計算而得

以「總體負債率扣減負有償還責任的債務率」簡單地衡量或有債務的債務率，並將負有償還責任的債務率和或有債務的債務率進行對比（見圖 3-5），可以看出，30 個省級地方政府總體表現為負有償還責任的債務率明顯高於或有債務的債務率，這表明中國地方政府的債務償還以剛性債務為主。

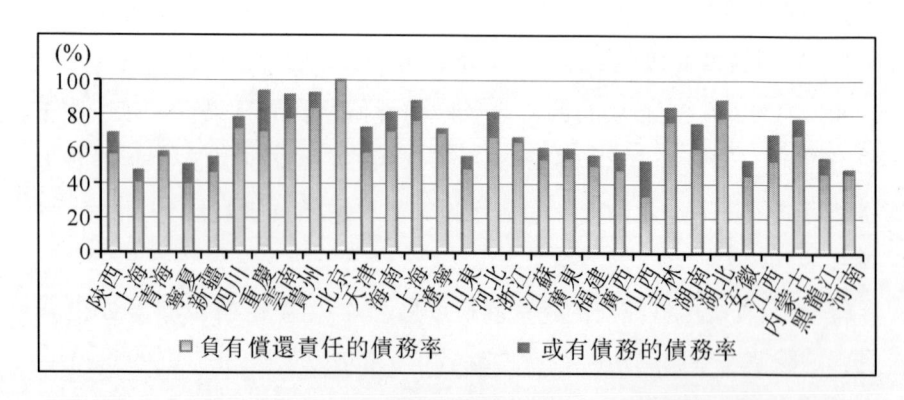

圖 3-5　30 個省級政府負有償還責任的債務率和或有債務的債務率對比圖

資料來源：根據 2013 年各省份地方政府性債務審計結果整理計算而得

債務審計結果》顯示，截至2012年年底，全國政府負有償還責任的債務負債率為36.74%。30個省級地方政府負有償還責任的債務負債率中（見圖3-4），四川省居於較高水準，僅次於北京（98.93%）、貴州（83.62%）、湖北（77.64%）、雲南（77.14%）、上海（76.12%）和吉林（75.58%），位於第七位。

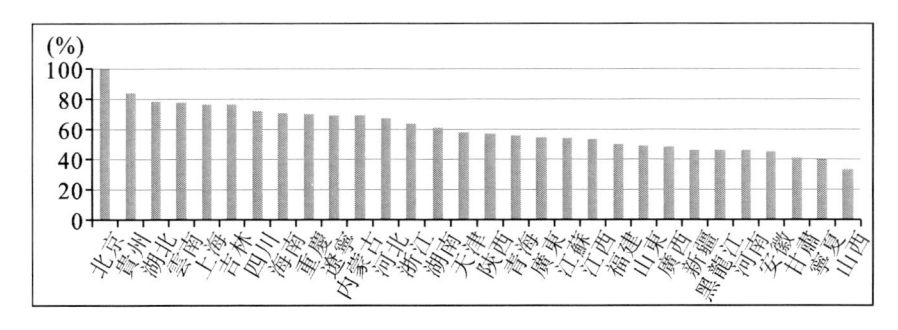

圖3-4　30個省級政府負有償還責任債務率柱形圖

資料來源：根據2013年各省份地方政府性債務審計結果整理計算而得

以「總體負債率扣減負有償還責任的債務率」簡單地衡量或有債務的債務率，並將負有償還責任的債務率和或有債務的債務率進行對比（見圖3-5），可以看出，30個省級地方政府總體表現為負有償還責任的債務率明顯高於或有債務的債務率，這表明中國地方政府的債務償還以剛性債務為主。

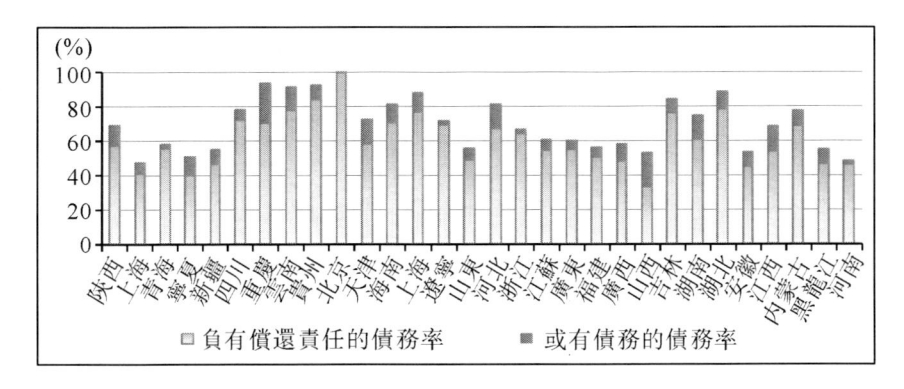

圖3-5　30個省級政府負有償還責任的債務率和或有債務的債務率對比圖

資料來源：根據2013年各省份地方政府性債務審計結果整理計算而得

就西部地區的9個省、市、自治區對比來看（見圖3-6），四川省的負有償還責任的債務率居於第三位，僅低於貴州和雲南。

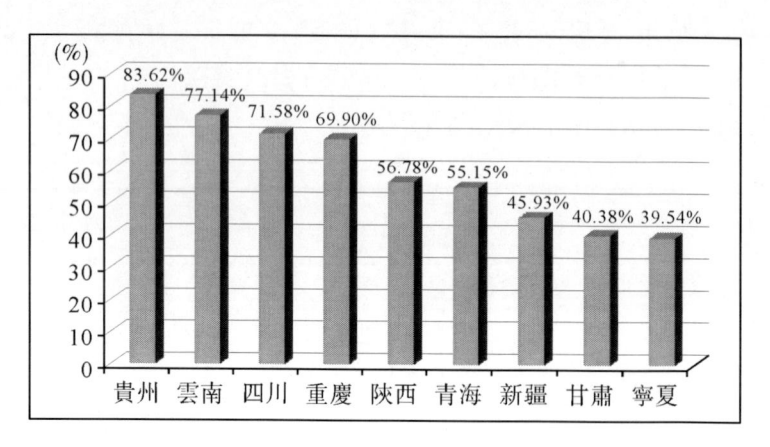

圖3-6　西部地區9個省、市、自治區負有償還責任債務率柱形圖

資料來源：根據2013年各省份地方政府性債務審計結果整理計算而得

　　四川省政府性債務規模較大主要是地方政府支出大幅增加引起的。首先，四川省基礎設施與新時期經濟社會加快發展的要求和人民群眾的期盼不相適應，大量的基礎設施建設項目啓動引致政府投入增加，這加快改善了四川省的生產、生活環境，同時也增加了政府債務。其次，四川省近幾年民生領域投入力度不斷加大，適度的債務規模保證了民生領域的投入，解決和改善了人民群眾住房困難、上學難、看病難等民生問題，同時也增加了地方政府為公益事業發展舉債融資的餘額。再次，為加快推進新型工業化而舉債融資，四川省抓住東部地區產業轉型升級的機遇，加大招商引資力度，大量承接東部地區產業轉移，提供配套基礎設施的需求大幅增加，為此在產業園區道路、管網、污水處理等基礎設施和土地收儲等方面投入了大量資金。產業園區的建設為四川省產業發展構築了承載平臺，夯實了工業發展的基礎，培育了一批優勢、特色產業，優化了產業結構，形成了新的經濟增長點，促進了區域協調發展。最後，為加快「5/12」汶川地震災後恢復重建而多方籌措資金。災區的基礎設施、產業發展、民生事業實現了整體性跨越，而一定的債務來源支持了災後恢復重建任務的全面完成。

(二) 債務違約率對比

將全國30個省級政府債務違約率從高到低依次排序可見（見圖3-7），四川省負有償還責任債務違約率為3.19%，排名第六位，低於湖南（4.1%）、雲南（4.09%）、內蒙古（3.66%）、陝西（3.65%）、河南（3.4%）；負有擔保責任債務違約率為3.39%，排名第五位，低於甘肅（10.27%）、河南（7.04%）、湖南（5.58%）、雲南（5.44%）；負有可能救助責任的債務違約率為5.20%，排名第七位，低於內蒙古（28.31%）、山東（8.82%）、江西（8.59%）、山西（8.19%）、寧夏（6.80%）和黑龍江（5.31%）。

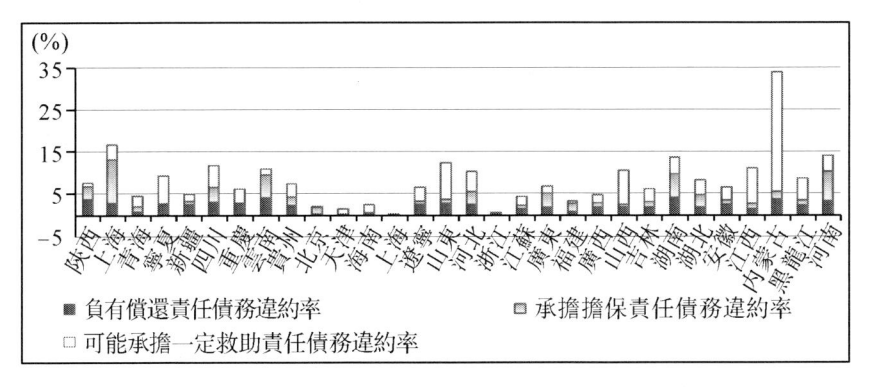

圖3-7 全國30個省級政府三類負債債務違約率柱形圖

資料來源：根據2013年各省份地方政府性債務審計結果整理計算而得

筆者將地方政府負有償還債務違約率、負有擔保責任債務違約率和可能承擔一定救助責任的債務違約率相加，以粗略地衡量地方政府總體的債務違約率情況。就西部地區的9個省、市、自治區的三項加總的債務違約率來看（見圖3-8），超過10%的有三個省份，從高到低依次是甘肅（16.80%）、四川（11.78%）和雲南（11.02%）；加總後的債務違約率居於中間水準的是寧夏（9.37%）、陝西（7.67%）、貴州（7.42%）和重慶（6.28%）；債務違約率相對較低的是新疆（4.94%）和青海（4.49%）。

就負有償還責任債務違約率、負有擔保責任債務違約率和可能承擔一定救助責任債務違約率相對比，青海、寧夏、四川、重慶和貴州的可能承擔一定救助責任債務違約率在三類債務違約率中表現得比較明顯，甘肅和雲南的負有擔保責任債務違約率表現得比較明顯，陝西和新疆的

負有償還責任債務違約率較明顯。

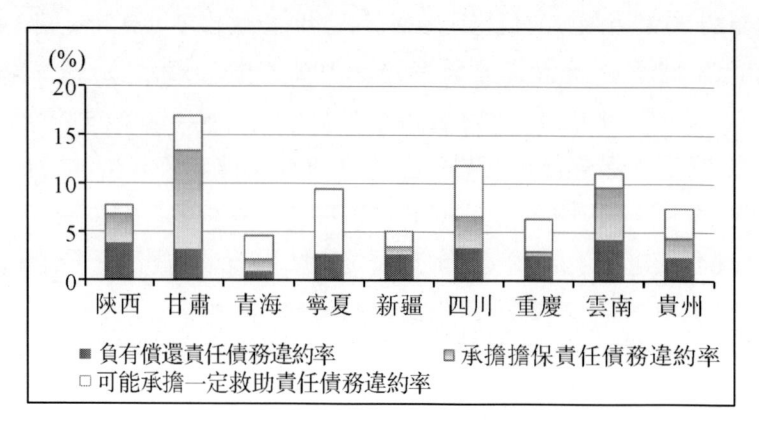

圖 3-8　西部地區 9 個省、市、自治區三類負債債務違約率柱形圖

資料來源：根據 2013 年各省份地方政府性債務審計結果整理計算而得

筆者將負有擔保責任債務違約率和可能承擔一定救助責任債務違約率相加，粗略地反應地方政府債務的或有債務違約風險。就西部地區 9 個省、市、自治區的負有償還責任債務違約率、負有擔保責任債務違約率和可能承擔一定救助責任債務違約率來看（見圖 3-9），除新疆外，其他省份的或有債務違約風險均高於直接債務違約風險，這意味著與直接債務相比，地方政府債務中或有債務的債務風險更加明顯。

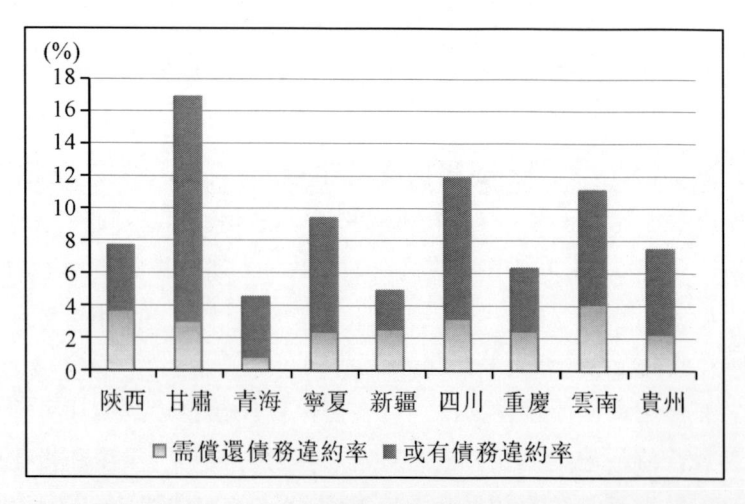

圖 3-9　西部地區 9 個省、市、自治區負有償還責任債務和或有債務違約率對比圖

資料來源：根據 2013 年各省份地方政府性債務審計結果整理計算而得

總體而言，30個省級政府債務違約率相對較低，表明中國地方政府償債能力相對較強。四川省地方政府負有償還責任債務違約率、負有擔保責任債務違約率和可能承擔一定救助責任債務違約率在全國各省級地方政府中排名較前，排在前七位。四川省地方政府三項負債總和的債務違約率水準在西部地區居於第二位。同其他西部地區省份債務特徵趨同，四川省的或有債務違約率高於直接債務違約率。同時，三項債務違約風險中，四川省地方政府的可能承擔一定救助責任債務違約風險非常突出。由此看出，四川省需警惕債務違約風險，關注或有債務的舉借和償還，重視政府因承擔救助責任而產生的債務。

第二節 四川省地方政府性債務融資的原因分析

基於四川省地方政府性債務規模的分析可知，與2012年12月底相比，2013年6月底四川省地方政府負有償還責任的債務、負有擔保責任的債務和可能承擔一定救助責任的債務分別增長了18.02%、4.15%和18.51%。可以看出，四川省的地方政府性債務規模仍呈增長趨勢。四川省地方政府性債務規模的上升具有一定的合理性和必然性，地方政府性債務融資是四川省新型城鎮化建設的現實需要，在新型城鎮化建設中發揮著重要的推動作用。

一、四川省城鎮化發展水準低

中央經濟工作會議與農村工作會議明確將城鎮化作為中國經濟建設的一項重要內容，城鎮化建設作為穩增長、擴內需、調結構的有效途徑，是經濟社會發展的必然趨勢。根據四川省統計局數據，2012年年末四川省城鎮化人口數為3,515萬人，城鎮化率為43.53%；四川省已經形成平原、川南、川東北、攀西、川西五大城市群，初步形成成都及其周邊11個大城市、24個中等城市和60個小城市的城鎮體系，城鎮體系逐步完善；城市交通、供電、供氣、供水、環衛、防災等基礎設施不斷完善。

然而，從橫向來看，四川省作為西部地區省份，城鎮化基礎差，存在諸多發展不利的因素，歷史欠帳多，城鎮化水準低於全國平均水準9.04個百分點，城鎮化率在全國排名倒數第六位；省會成都城鎮化率為62.6%，低於北京、上海、廣州、天津等城市10~20個百分點。具體來看，表現在如下幾個方面：

一是農村人口多，人均收入低。根據四川省統計局數據，2012年年底四川省仍有4,941萬農村人口，占全省人口的56%；城鎮居民人均可支配收入與農村居民人均純收入仍低於全國平均水準，分別位居第22位與第21位；工業化與城鎮化發展不匹配，工業化造成的大量進城務工農民工並沒有完成市民化轉換。此外，四川省還有國家級貧困縣36個，占全國的6.08%。

二是工業化發展滯後。所謂的工業化，就是要將農業的多餘勞動力轉移到非農領域。2011年，四川省非農就業人口占就業總數的57.3%，而同期全國非農就業比重為65.2%，低於全國平均水準7.9個百分點。四川省內各區域的非農就業比重也參差不齊，成都市非農就業比重已經超過了80%，自貢市、瀘州市、德陽市、遂寧市、攀枝花市、綿陽市、樂山市、宜賓市、雅安市、內江市、南充市等11個地區的非農就業比重為50%到80%，而四川省的其他地區，如阿壩州、甘孜州、廣元市、資陽市、眉山市、達州市、廣安市等地的非農就業比重尚未達到50%，還處於工業化初期。

三是農業產業化水準低。農業產業化的一個指標就是根據規模經濟標準，勞動力人均佔有土地數達到15畝（1畝約等於666.67平方米，下同），這意味著農業產業化已經基本實現。中國還處於農業產業化初期，全國的農村勞動力人均佔有土地數為6.5畝，而四川省的數據更低，為4.3畝。同時，農村居民的居住用地占用較高，四川省農村人均居住用地228平方米，是城鎮居民的10倍以上。由以上數據可以看出，四川省的農業產業化還處於較低水準。

四是城鎮結構不夠合理。四川省城鎮化發展的結構不合理表現在中心城市的輻射帶動能力弱，規模偏小，產業集聚能力不足；城鎮基礎設

施建設滯後，住房供應與保障制度不健全，城市承載能力較弱，公共服務不完善，人居環境還有待改善。

二、四川省財政收入難以支撐城鎮化建設

四川省的城鎮化建設是在財政收入遠低於發展需求的基礎上開展的，財政收入有限、資本市場缺失、資本金短缺嚴重制約了四川省城鎮化的發展。根據四川省統計局公開數據，2001—2011 年四川省財政投入基礎設施建設的資金僅有 1,621 億元。根據四川省政府公布數據，2013 年四川省地方財政實現收入 2,781.1 億元，而 2008—2011 年的基礎設施建設共投入資金 18,000 億元，財政收入難以支撐城鎮化建設的需要。因此，四川省城鎮化建設所需資金通過財政渠道是無法滿足的，而城鎮化建設資金的不足部分將不得不通過債務融資的方式進行。

三、地方政府性債務融資在新型城鎮化建設中的重要作用

由於財政收入不足，新型城鎮化建設所需資金不得不通過債務融資的方式籌集，從而緩解了城鎮化發展的資金壓力。債務融資在新型城鎮化建設中的作用主要表現以下四個方面：

一是四川省經濟增長中投資一直是主要的拉動力量。根據四川省統計年鑒數據，2012 年四川省消費增速下降了 1.1%，進出口增速也呈現快速下滑趨勢，經濟下行的壓力進一步加大。因此，在內需與出口增速不穩定的情況下，投資將成為四川省經濟增長的主要拉動力量。

二是城鎮化的投融資需求巨大。根據國家開發銀行的城鎮化需求預測方法：城鎮化融資需求＝固定資產投資×城鎮化投資占固定資產投資比例×融資占固定資產投資比例。固定資產投資增速按照 2013 年實際發生值計算，大約為 14%。根據四川省統計年鑒的歷史數據測算，城鎮化投資占全社會固定資產投資的比例約為 52%，扣除國家預算內資金、自籌資金、利用外資等因素外，城鎮化投資的融資需求約為固定資產投資的 30%。根據以上計算，在 2012 年的城鎮化水準基礎上，2013—2017 年四川省城鎮化建設的投資需求為 7.25 萬億元，扣除預算內資金外，融資需

求為2.2萬億元。

三是城鎮化建設投融資缺口巨大。根據四川省政府規劃，2013年四川省各項基礎設施的投資需求不減，約為1.48萬億元（續建項目投資7,300億元，新開工項目投資7,500億元），而同期財政可投資資金僅有301億元（爭取中央財政保障性住房資金55.5億元與市政基礎建設資金40億元；省財政市政基礎建設投資22億元，保障性住房12億元，交通建設70億元），資金缺口巨大。

四是融資需求主要通過債務融資方式實現。根據經濟發展經驗，財政收入增幅小於經濟發展增幅，2013年四川省財政經濟增速下降3.25%，財政收入也將同步下降，財政壓力巨大，而巨大的融資缺口不得不通過債務融資方式籌集。地方財政得以持續的依靠對象——土地出讓金收入的增速也下降了20%，除了成都市主城區的土地成交以溢價形式成交，其他地區的土地出讓成交多以底價進行。在四川省財政增長幅度和土地出讓收入有限的情況下，債務融資將成為地方政府融資的主要方式。

第三節　四川省地方政府性債務融資的問題分析

一、地方政府融資平臺存在的問題

基於前面對四川省地方政府性債務舉債主體結構的分析可知，無論是負有償還責任的債務還是負有擔保責任債務和可能救助責任債務，地方政府融資平臺是四川省政府性債務的重要舉債主體之一。然而，融資平臺自身的不足和營運現狀都反應出，四川省融資平臺仍存在著一定的問題。

（一）*法人治理結構不健全，市場主體地位的獨立性不夠*

部分融資平臺經營權、產權、收益權不統一或脫節，導致其運行效率不高。部分融資平臺雖然名義上為國有獨資企業，但其本質仍是行政、事業、企業的混合體。部分融資平臺的人員構成和管理體制政府色彩明

顯，對資本運作、項目投融資等重大事項的決策沒有參與權，業務無法完全按照市場原則開展。部分融資平臺的公司內部流程和內控制度流於形式，會計、財務、審計制度以及工程和資金管理制度不規範、不健全，工程和資金管理能力不高。部分融資平臺在「借、用、還」方面嚴重脫節，主要體現為作為舉債主體參與融資，在一定程度上解決了「借」的環節的問題，而對用款人和項目無實際控制力，造成「用」和「還」沒有同步跟上。

（二）資金實力不夠，空殼化問題較嚴重

部分融資平臺存在經營性資產占比少等問題，以致平臺自主經營能力較弱，不利於市場化運作。對於部分融資平臺，政府未根據平臺業務發展建立穩定的資金和資產注入機制，政府給融資平臺的資本金只有承諾但並未落實，導致融資平臺資金不足、資產負債率過高。據四川銀行業機構調查，截至2013年6月底，20家銀行對融資平臺的189筆總計326.97億元的項目貸款的平均發放進度為60.62%，但對應項目資本金平均到位比例僅為35.50%。四川省約20%的融資平臺資產負債率超過100%，並且50%的融資平臺的經營及投資活動現金流量為負。

（三）資產盈利性不佳，市場運作能力不高

部分融資平臺的資產利潤率不高，公司自身基本無主營業務收入，資金平衡能力不強，收入主要來源於財政撥款或政府補貼等。部分融資平臺僅扮演了政府「融資工具」和「融資窗口」的角色，並未作為市場主體進行融資，缺乏可持續發展的融資能力和經營能力，當貸款項目進入還本付息期後，融資平臺僅由向政府借款的角色變為向政府要錢還貸的角色。據四川銀行業機構調查，截至2013年6月底，四川省銀行貸款的還款來源中，逾70%的還款資金依賴於地方政府財政預算（34.9%）、土地拍賣收益（33.54%）和政府償債基金（2.32%）。

（四）缺乏合格抵押擔保品

地方政府融資平臺貸款的擔保方式除了少部分採用不動產抵押，部分貸款由政府出具還款承諾函外，大部分由其他平臺提供保證，風險具有同質性。部分融資平臺貸款採用農村電網收費權、特許經營權、市政

公用不動產收益等質押方式。目前，中國在抵押、質押方面的法規尚沒有明確的規定。農投和物流平臺支持農田水利建設和養殖、蔬菜基地等項目。現行《中華人民共和國擔保法》《中華人民共和國物權法》規定，耕地、宅基地、自留地、自留山等集體所有的土地使用權屬不能抵押財產。但是，國內法規對「道路建設車輛通行費收費權」「市政公用行業不動產收益」「土地出讓收益經營權」「特許經營權」等是否為法定權利質押並無明確規定。

（五）融資平臺負債透明度不夠。

據四川銀行業機構調查，截至 2013 年 6 月底，有 1/3 的融資平臺在多家銀行貸款，最多的 1 家融資平臺在 14 家銀行都有貸款。對於單家融資平臺銀行體系外的融資渠道與負債，融資平臺無披露機制，信息的不對稱使銀行無法完全掌握融資平臺的真實融資情況。

二、地方政府性債務融資模式不可持續

為規範地方政府性債務融資、防範地方政府性債務風險，與地方政府融資相關的法律法規相繼出抬，使得目前的地方政府性債務融資模式難以持續。

（一）BT 方式和信託、基金、保險等其他融資渠道受限

2012 年底，財政部等四部委出抬的《關於制止地方政府違法違規融資行為的通知》（財預〔2012〕463 號）嚴禁地方政府直接或間接吸收公眾資金違規集資進行公益性項目建設，不得以委託單位建設並承擔逐年回購（BT）責任等方式舉借政府性債務，不得向非金融機構和個人借款，不得通過財務公司、基金公司、信託公司、保險公司、金融租賃公司等直接或間接融資。

該限制性規定出抬後，地方政府常用的四種公益性項目渠道（公開市場發債、BT 方式、平臺以儲備土地抵押貸款、信託理財），除了發債外的其他三種都已被叫停。據《四川省地方政府融資平臺發展報告》不完全統計結果顯示，2013 年，四川省以 BT 方式借入的政府性債務超過 4,000 億元，其中 400 多億元為銀行發放的 BT 項目貸款；通過信託、金

融租賃公司、理財等其他方式融資占比接近或超過 50%，如新津縣（55.56%）、龍泉驛區（54.69%）、青羊區（52.09%）和金牛區（48.97%），瀘州市（67.91%）、阿壩州（49.71%）、南充市（48.53%）。然而，新規實施後 BT、信託、基金、保險等融資方式的新增和滾動均存在困難，儲備土地抵押增量貸款不能發放，銀行存量貸款到期不能週轉，融資平臺的負債方式將更為隱性化。

（二）土地融資模式受限

國土資源部等四部委出抬的《關於加強土地儲備與融資管理的通知》（國土資發〔2012〕162 號）規定，貸款主體為已列入國土資源部名錄的土地儲備機構，貸款須在省財政核發的年度融資規模控制卡額度內並納入地方政府性債務統一管理；沒有納入名錄的專業和非專業土儲機構融資渠道被禁止。《關於制止地方政府違法違規融資行為的通知》（財預〔2012〕463 號）規定，融資平臺不能以儲備土地作抵押向銀行貸款，不得承諾將儲備土地預期出讓收入用於還款或擔保，不得將儲備土地作為資產注入。

據四川銀行業機構調查，截至 2013 年 6 月底，四川省銀行機構的土地儲備貸款 137 戶，貸款餘額 601.42 億元，其中專業土地儲備機構貸款 50 戶，共計 416.96 億元，占比 69.33%（其中已進入國土資源部前兩批名錄內的土地儲備貸款 35 戶，貸款為 390.36 億元，尚未進入名錄的土地儲備貸款 15 戶，貸款為 26.6 億元），非專業土地儲備機構貸款 87 戶，共計 184.46 億元，占比 30.67%。據不完全統計，地方政府將儲備土地作為資產注入融資平臺公司實現整改合格的貸款金額超過 500 億元，承諾將儲備土地預期出讓收入作為融資平臺公司償債資金來源的貸款餘額超過 1,400 億元。新規實施後，這些貸款均屬違規，全覆蓋類融資平臺的現金流將面臨整體下降的問題，貸款風險敞口上升。

三、原有資金支持領域受到監管部門約束

2013 年，銀監會出抬的《關於加強 2013 年地方政府融資平臺貸款風險監管的指導意見》（銀監發〔2013〕10 號）要求，融資平臺仍劃分為

「退出為一般公司類平臺」和「仍按平臺管理類平臺」。「退出為一般公司類平臺」是指經核查和整改後，已具備商業化貸款條件，自身具有穩定的經營性現金流，能夠全額償還貸款本息，整體可以按照一般公司類客戶管理的融資平臺；凡不符合退出條件以及未完成退出流程的融資平臺，則屬於「仍按平臺管理類平臺」。該文件明確要求，對這兩類融資平臺實行統一監測和分類管理。對兩類平臺的限制性規定導致融資平臺原有的資金支持領域將受到監管部門的約束。

（一）對「仍按平臺管理類平臺」的限制性規定

《關於加強2013年地方政府融資平臺貸款風險監管的指導意見》（銀監發〔2013〕10號）對「仍按平臺管理類平臺」新發放貸款實行嚴格控制，要求其發放貸款主要用於五個投向：符合《中華人民共和國公路法》的收費公路項目、國務院審批或核准通過且資本金到位的重大項目、符合相關規定且已列入國土資源部名錄土地儲備機構的土地儲備貸款、保障性安居工程建設項目、工程進度達到60%以上且現金流測算達到全覆蓋的在建項目。農業發展銀行的平臺貸款還支持符合中央政策的農田水利類項目。

《四川省地方政府融資平臺發展報告》顯示，2013年，四川省500個重點項目中，新建的181個、總投資968億元的重點項目不屬於《關於加強2013年地方政府融資平臺貸款風險監管的指導意見》（銀監發〔2013〕10號）規定的貸款投向。在建的131個項目工程進度未達到60%，不能繼續從銀行提款，涉及存量貸款307.79億元。

（二）對「退出為一般公司類平臺」的限制性規定

《關於加強2013年地方政府融資平臺貸款風險監管的指導意見》（銀監發〔2013〕10號）對「退出為一般公司類平臺」做出嚴格規定，要求各銀行不得向「退出為一般公司類平臺」發放保障性住房和其他公益性項目貸款，「退出為一般公司類平臺」的資產負債率不能超過70%。

這些限制性規定會對「退出為一般公司類平臺」營運產生一定的影響。一是新建公益性項目融資困難。《四川省地方政府融資平臺發展報告》顯示，2013年，四川省公益性項目融資平臺貸款餘額為673.07億

元，占平臺貸款總量的13.92%，雖有94家退出類平臺，即便其中有45家省市級平臺的融資能力強，也無法為公益性項目向銀行承貸。二是部分退出類平臺因新發放公益性項目貸款、資產負債率超標等問題面臨被調回，將制約後續融資。《四川省地方政府融資平臺發展報告》顯示，2013年，有8家退出類平臺接受銀行新發放的城市基礎設施項目建設貸款33.1億元（共17筆）。從存量貸款方面看，退出類平臺貸款承建保障性房等公益性項目的不在少數。例如，成都市興城集團作為成都天府新區建設的主要承貸主體，修建的成都二環高架、「三橫一縱一湖」項目均為公益性項目；仁壽縣資產經營有限公司承貸的縣醫院和民政救助中心安置房建設均為社會事業類的公益性項目。2013年6月底，銀監會臺帳系統顯示有6家退出類平臺資產負債率超70%，面臨被銀監會強制調回平臺管理的風險，影響後續融資。

(三) 影響貸款結構

《關於加強2013年地方政府融資平臺貸款風險監管的指導意見》（銀監發〔2013〕10號）規定，新增平臺貸款應主要支持符合條件的省級融資平臺。

該規定對融資平臺的資金支持領域產生了一定的限制。一是區縣級新建項目新增貸款困難。由於區縣以及國有股權、土地資源的價值相對於市級、省級小，區縣一級的融資平臺負債更困難。《四川省地方政府融資平臺發展報告》統計結果顯示，2013年，四川省區縣級平臺貸款為1,679.6億元，占四川省平臺貸款的33.02%，因2013年監管導向新增貸款向省級平臺傾斜，區縣級新建項目貸款更為困難。二是涼山州、廣安市、阿壩州、巴中市等經濟欠發達地區，目前除貸款外難以獲取其他融資，需要依靠成本較高的BT回購和合作制基金、私募股權等方式融資，但財政實力較弱，能用於償還債務的資金有限。

第四章 地方政府性債務風險的成因和形成機理

第一節 地方政府性債務風險的成因

一、經濟體制因素

隨著中國經濟體制改革的逐步深入，中國確立了社會主義市場經濟體制。市場和政府是資源配置的兩種重要手段，中國確立了以市場調節為主、政府宏觀調控為輔的資源配置方式。

經濟體制因素主要著眼於政府與市場的關係。市場經濟是一種有效率的經濟體制，通過價格和產量的不斷波動影響資源的供求關係，自發地達到供求均衡，並實現資源的有效配置。然而，市場經濟並不是萬能的，市場機制也存在「市場失靈」現象。基礎設施和市政建設等項目屬於公共物品，存在著前期投入較大、資金回收期長等特徵。加之，公共物品具有非排他性和非競爭性屬性，外部效應明顯，是「市場失靈」的重要體現。「市場失靈」為政府宏觀調控提供了合理性。政府通過宏觀調控干預經濟運行，組織公共物品的生產並提供公共物品。然而，政府干預並不總是有效的，也同樣面臨「政府干預失效」等問題。例如，政府決策失誤、尋求個人利益的尋租等。

目前中國處於大力發展市場經濟的階段，但是發展尚不成熟，計劃

經濟體制殘留的一些行政因素還沒有完全清除,很多應當由市場解決的問題市場還沒有能力解決,總體仍表現為以政府為主導。因此,諸多問題仍由政府承擔,政府融資不可避免,這加重了地方政府的債務負擔,形成了地方政府性債務風險(馬昊和周孟亮,2010;馬雪彬和陳嬌,2010)。

二、分稅制改革後的財稅體制因素

分稅制改革的理論基礎是財政分權理論。財政分權理論的核心內容是將權力下放給地方政府,讓地方政府手中握有一定的財政權力,以便其更好地執行其職能。中央政府主要負責宏觀方面的調控和整個社會層面的收入分配、福利分配等;地方政府主要執行中央政府制定的各項政策,並根據自身所在地區的實際情況對資源進行合理的分配,以求達到社會福利的最大化(Sharpe,1997)。在財政分權的制度下,地方政府在提供公共物品方面更具有積極性。因為在財政分權的制度下,地方政府對自己提供的公共物品更加具有選擇性,因此就會更加努力地提供公共物品。如果不實行財政分權制度而是把權力都集中在中央政府,中央政府並不瞭解地方政府的具體情況,這樣不僅打擊了地方政府的積極性而且缺乏效率(Besley,2003)。

1994年,中國推行了分稅制改革,財政分權的制度設計將地方政府與中央政府的責任與權利劃分開來,賦予了地方政府靈活的財政自主權和剩餘控制權。這一制度設計激發了地方政府發展經濟的積極性,從而使得中國經濟在較長時間得以保持高增長速度。分稅制改革在有效提高地方政府提供公共物品的積極性和效率性的同時也引發了新的問題。財政分權的存在決定了地方政府的財權與職責履行的事權,也決定了「財權上移、事權下移」的中央與地方的博弈後果。地方政府需要承擔經濟建設、社會發展和公共服務的支出,財政分權政策使得地方政府出現收不抵支的問題。此外,中央政府的一些項目需要地方政府進行配套,更加大了地方財政支出的額度,加重了地方政府的財政負擔,加劇了中央政府和地方政府的財權與事權的失衡。通俗地說,就是稅收收入更多地

流向了中央政府，但是財政支出卻由地方政府來承擔，財權與事權不統一，於是地方政府為了將其承擔的事權實現，不得不借助於債務融資，進而形成地方政府性債務。

中國修訂前的《中華人民共和國預算法》和《中華人民共和國擔保法》明確規定，地方政府不得舉債、發行債券或提供擔保。然而，全國各級地方政府都有一定的負債，個別地方政府的債務風險已經異常嚴重。2011年，《全國政府性債務審計結果》顯示，截至2010年年底全國只有54個縣政府沒有進行債務性融資，中國法律禁止地方政府舉債的約束力幾乎沒有效力。其根本原因在於分稅制改革後地方政府的財政收入減少，收不抵支使其產生對債務融資的依賴。

分稅制改革導致地方政府的收入與支出高度的不匹配，地方政府的稅收收入不能夠支撐其高昂的財政支出，因而地方政府性債務規模不斷攀升。此外，通過土地財政來緩解地方政府收入的問題也愈演愈烈，兩方面的因素導致中國地方政府性債務的風險越來越大（賈康、張鵬和程瑜，2009）。同時，中國實行的分稅制改革是在以各級地方政府所處的環境都相同的條件下進行的，然而這一前提並沒有現實的意義。在這樣一種不切合實際的前提下進行分稅制改革，必然會造成經濟矛盾，引發各種經濟問題（劉尚希，2009）。隨著近年來房地產調控力度的加大，地方政府可用的土地使用權也逐漸減少，土地財政帶來的土地出讓收入難以為繼，而之前的借款面臨償還壓力，債務風險逐漸暴露。

三、預算軟約束

預算軟約束最早由科內爾（Kornai，1986）提出，指的是向企業提供資金的政府未能堅持原先設定的規則，使企業的資金運用超出當前收益，產生道德風險問題。之後這一概念被進一步引申為預算約束體的支出超過其收益時，卻沒有被破產清算，而是被支持體救助繼續存活。中國的地方政府性債務問題的研究仍然離不開預算軟約束理論。預算軟約束理論包括政策性預算軟約束和官員任期制度誘發的預算軟約束。

（一）政策性預算軟約束

中國財政分權制度是自上而下的制度安排，沒有經過地方政府與中央政府間的談判和博弈。中央政府要求地方政府完成大量的目標任務，卻沒有給予地方政府足夠的資源。在這種制度背景下，地方政府難以完成或只能低質量地完成中央政府要求的目標任務，導致地方公共服務的供給不足。地方政府完不成中央政府的目標任務有兩個原因。一個原因是地方政府的經營管理能力不足，或者發生貪腐造成了浪費；另一個原因就是地方政府可支配資源不足，無法實現既定的產出。由於中央政府與地方政府之間存在信息不對稱，中央政府無法區分是哪一個原因導致地方政府沒有完成既定的目標任務，地方政府也多將自身的經營管理能力不足導致的目標任務沒有完成歸結為資源不足。

從表面上來看，中央政府下達給地方政府的目標任務沒有完成的原因就是財權與事權不統一、資源不足等。這就為地方政府性債務融資提供了依據，地方政府將其要承擔的事權，如發展經濟、提供公共物品等視為舉債的理由。而中央政府沒有足夠的資源援助地方政府，往往會採取「默許」態度，這又加劇了中央政府將要為地方政府性債務兜底的預期，增加了地方政府債務融資的能力。

（二）官員任期制度誘發的預算軟約束

地方政府性債務融資的決策一般由當時在任的地方政府官員做出。而這些官員一般有固定的任期，如按照中國現行制度，每一屆地方政府官員的任期為5年，並且連任不得超過兩屆。通過債務融資方式進行經濟建設容易在短期內實現政績，而當債務到期時，做出債務融資決策的官員可能已經調離崗位，或者晉升更高的職位，債務卻留給了下一任政府官員。中國當前的行政體制的一大缺失就是尚未實現官員終身負責制，使得個別官員缺乏長期考慮，債務融資短視，僅追求短期的利益。

四、地方政府官員的晉升機制

地方政府官員作為一個理性經濟人，追求職位晉升是其職業發展的效用函數變量，職位越高，其個人效用就越大。每一位上任的官員，不

論他是為自己以後的發展著想還是真心實意地為老百姓著想，他都想要在自己管理的期間有所建樹。

中國的政治制度決定了上下級政府間的關係為委託-代理關係，再加之上下級政府間的信息不對稱與政府目標的多樣性，政府官員的努力水準與能力大小難以衡量，而政績則是最為簡單的考核官員能力與努力程度的指標。於是，政績成為決定官員能否晉升的關鍵因素。同時，由於信息不對稱因素的存在，監督成本較大，上級政府往往從節約成本的角度出發，選擇易於觀察的指標。長期以來，中國地方政府官員的業績衡量以「地區經濟增長」為主要考核標準，為官員發展地方經濟提供了有效的激勵機制。中國地方經濟發展畸形地演變成地方政府主導的區域間競爭的經濟增長模式，而這種模式被形象地稱為「官員晉升錦標賽模式」（周黎安，2007）。

基於中國的特殊國情及地方官員依靠自己的政績來謀求晉升的現狀，政府官員對地方債務飛速發展的推動作用不可忽視。政府官員晉升考核的重要指標是政績，而投資是中國當前拉動經濟增長最有效的方式。在經濟增長的拉動方式中，內需一直占比較小，多年來沒有太大變化。出口一直是中國製造業的生產動力，然而最近幾年，受國際市場不景氣的影響，中國的淨出口也逐年放緩。當前，地方政府增加投資是實現經濟增長的重要保證。在地方政府財政收入有限的情況下，只有進行債務融資方能實現大規模的投資，進而取得官員晉升的資本。

中國的幹部任職期間相對較短，官員更加關注任職期間的出色表現，並沒有考慮到持續的發展，於是地方官員融入資金後，會將其投入到能夠讓社會各界都關注的大型基礎設施建設等領域，這容易引發地方政府性債務風險（陳本風，2006；Guo，2009）。

五、金融機構對地方政府過高的信用評級

地方政府有債務融資的動機，如果金融機構能夠理性地分析地方政府的還款能力，正確地對地方政府進行評級，那麼地方政府的大規模舉債也會受到遏制。然而，事實並非如此。

根據 2013 年《全國政府性債務審計結果》的披露，政府負有償還責任的債務、政府負有擔保責任的債務和政府可能承擔一定救助責任的債務中，來源於銀行貸款渠道的資金占比分別達到 50.76%、71.60% 和 61.87%，剩餘部分通過債券市場、信託等其他方式獲得。為何金融機構願意將大量的資金借給地方政府或地方政府的融資平臺公司，而不願意將資金借給中小企業呢？

這可能與金融機構的借款理念相關。金融機構片面地認為，政府比企業或其他組織的公信力要強，地方政府不會破產。金融機構主觀地認為，地方政府擁有較好的信用，地方政府的級別越高，對其信用評級就越高，借款就越安全。地方政府在進行債務融資時，往往提供優質的國有土地、公共設施等作為抵押，進一步加大了地方政府貸款的槓桿率。此外，地方政府與金融機構在債務融資方面存在一定的激勵相容，地方政府通過債務融資，增加了投資，促進了經濟發展，而銀行也可以通過地方政府性債務獲得更高的利潤。

六、宏觀政策

宏觀政策是引發地方政府性債務風險的重要因素。在經歷了 2008 年國際金融危機之後，中央政府為了「救市」，普遍實施了較為積極的財政政策，向市場提供了大量的資金以刺激消費和投資，部分資金流向了各級地方政府，被地方政府融資平臺吸收，導致地方政府債務規模增大，潛藏債務風險（沈明高和彭程，2010）。擴張性財政政策在拉動經濟增長的同時，潛藏著地方政府追求業績、融資缺乏監督等問題，在預算軟約束制度因素下，會加重地方政府債務壓力，容易引發金融和經濟風險（陳志勇和莊家強等，2017）。同時，地方政府債務融資量的實際水準是金融危機後政府投放資金量的 4 倍左右，這反應出，宏觀政策和地方政府債務之間並非是單純的一方影響另一方，而是相互影響的，最終導致風險的發生（朱相平，2012）。

第二節　地方政府性債務風險的形成機理

地方政府性債務風險的成因揭示了引發和影響地方政府性債務風險的重要因素。對任何問題的研究都不能簡單地、孤立地看待，對地方政府性債務風險的剖析應當結合中國當前的政治制度和經濟體制，對各因素進行系統的、綜合的分析，這樣更有利於發現債務風險的形成機理。

中國是人民民主專政的社會主義國家，中國共產黨代表最廣大人民群眾的根本利益。中國的經濟基礎是生產資料的社會主義公有制，即全民所有制和勞動群眾集體所有制。依據層級的不同，政府可以分為中央政府和地方政府。在中國的政治制度基礎和經濟基礎條件下，中央政府代表國民支配國家的一切資源，地方政府的職責由中央政府制定，地方政府協助中央政府履行國家行政職能。於是，兩類委託-代理關係形成了：人民委託政府行使國家職能、支配資源，上級政府委託下級政府。就後一類委託-代理關係而言，上級政府委託下級政府，包括中央政府和地方政府之間的委託-代理關係、上下級地方政府之間的委託-代理關係。

由於委託人和代理人的利益不完全相同，加之上級政府與下級政府間的行政級別層次導致委託鏈條過長，因此委託-代理關係存在著一定的信息不對稱，導致上級政府和下級政府的行為目標存在差異。以中央政府和地方政府為例，中央政府的行為目標體現為國家長治久安的政治目標，擴大中央政府財政收入的經濟目標，滿足社會成員在醫療、衛生、文化、教育、保障等方面需求的社會福利目標，以及中央政府官員的政治利益和物質利益的個人利益目標。地方政府的行為目標主要體現為在服務於中央政府的政治目標、經濟目標和社會福利目標的同時，追求個人政治利益與物質利益（李經緯，2012）。

隨著改革開放的不斷深入，中國形成了社會主義市場經濟體制，資源配置手段表現為「市場調節為主、政府宏觀調控為輔」。基礎設施和市政項目屬於公共物品範疇，市場機制難以實現有效的調節，需要政府介

入才能實現公共物品的有效生產和提供。

　　為了實現資源的合理配置和社會福利的最大化，中國開始推行財政分權改革，將權力下放給地方政府，委託地方政府執行國家職能。分稅制改革後，瞭解地方經濟發展現狀和知曉區域居民需求的地方政府能夠充分利用信息優勢，統籌規劃公共物品的生產和供給，公共物品供給的積極性和效率明顯提升。然而，「財權上移、事權下放」的分稅制改革使得地方政府的財權和事權嚴重失衡，地方政府的財政收入難以滿足財政支出的需要。

　　隨著事權的下放，地方政府的資源支配權力也增大了，地方政府開始積極尋求外部融資，債務融資就是重要的方式之一。在土地財政模式下，地方政府利用資源支配權獲得外部資金的方式主要有兩類：第一，地方政府作為中央政府的權利執行者，代替中央政府進行土地分配，通過「低買高賣」的方式獲得土地出讓金收入，並增加地方政府財政收入；第二，地方政府可以將土地資源注入地方政府融資平臺，並利用該平臺申請銀行貸款或發行債券，在規避法律約束的同時籌集債務資金。於是，地方政府性債務產生了。

　　地方政府性債務融資與地方政府行為目標間存在著一定的關係。地方政府性債務融資可以增加地方政府可支配的資源，可支配資源的增加有助於提高地方政府的行為自由度，能夠將更多的資源用於發展當地的經濟，與當地經濟利益正相關；同時，發展經濟的政績可以為官員升遷做準備。從一定程度上說，地方政府性債務融資規模與政府官員的政治利益、經濟利益、個人利益成正相關關係。然而，中央政府並不會一味地容忍地方政府的債務性融資行為。當地方政府性債務規模達到一定的程度後，地方政府官員的債務性融資規模就與其個人的職位晉升成反向變動關係。因此，在地方政府性債務風險沒有顯現出來之前，地方政府的政治利益、經濟利益和官員個人利益會隨著地方政府債務規模的增加而提高；當地方政府性債務風險顯現出來後，地方政府的政治利益、經濟利益和官員個人利益會隨著地方政府性債務規模的增加而降低（李經緯，2012）。

　　同樣地，地方政府性債務融資行為會影響中央政府的行為目標。地

方經濟建設及城鎮化、工業化進程需要大量的資金，財政收入無法滿足地方政府投資的需要。地方政府適當的債務性融資可以讓地方政府獲取經濟建設的資源，也有助於社會的穩定發展，這與中央政府發展經濟與社會長治久安的目標一致。因此，一定程度的地方政府性債務能夠增加中央政府的經濟與政治利益。然而，當地方政府性債務超過一定的限度以後，帶來的卻是巨大的償債壓力。由於中國地方政府的不可破產性，中央政府的利益也必然受到影響。一是地方政府無法償還的貸款最後由中央政府承擔，必然減少中央政府可供支配的經濟資源；二是地方政府性債務風險會給經濟發展帶來危機，威脅社會的穩定，不利於中央政府的政治利益與經濟利益。因此，中央政府的政治利益、經濟利益和社會福利水準會隨著地方政府性債務規模的擴大而增加；當地方政府性債務規模超過一定水準後，中央政府的政治利益、經濟利益和社會福利水準會隨著地方政府性債務規模的增加而降低。

如果地方政府基於地區經濟發展的需要和地方政府綜合財力，理性地進行債務融資，保證債務融通資金用於基礎設施建設，並且能夠制定可持續的債務舉借和償還計劃，則債務融資不會形成債務風險。

約束經濟主體行為主要有兩種手段：道德約束和法律約束。這兩種約束手段在地方政府債務管理中，對地方政府官員的約束力有限。

一是道德約束。隨著改革開放的逐步深入和市場經濟體制的不斷完善，中國經濟出現了較快增長，競爭也日益激烈。實用主義、利己主義和投機主義思想開始蔓延，信仰不堅定的政府官員也難以避免不良思想的侵蝕。個別政府官員開始利用手中的權力謀求個人利益最大化，將社會地位、物質享受、政治利益作為奮鬥目標，影響其決策和行為。

二是法律約束。中國的法律制度環境還不健全，就地方政府性債務融資和債務風險而言，還沒有形成切實的懲戒機制和系統的法律制度體系。

當政府能夠支配更多的資源時，政府官員進行政治尋租或經濟尋租的條件就越有利，在其履職時就能夠更有利地獲取政治地位、社會地位和經濟利益。在地方政府行使國家權力時，政府官員作為一個理性人，必然借助其手中的權力追求個人利益最大化，有時可能會出現個人利益

同社會利益、國家利益相衝突的情況，甚至可能觸碰法律。當個人利益可觀時，道德約束難以發揮作用。同時，個別政府官員在謀求豐厚的個人利益過程中如果需要突破法律限制時，在突破國家法律限制的成本較小甚至沒有成本的情況下，站在理性人的角度，其必然突破國家法律限制，實現個人利益。

中國地方政府幹部任命與考核制度仍不健全。基於中國的特殊國情和以「政績」作為地方政府官員任命與考核的重要指標的現狀，地方政府官員傾向於大肆舉借政府性債務，以拉動地方經濟的量的增長。加之中國地方政府官員的任期較短，舉借政府性債務缺乏長期性規劃，僅追求短期利益，缺乏可持續性。

中國的政治體制決定了地方政府是不能破產的，一旦地方政府出現財政危機時，中央政府便會及時施以救助。這種預算軟約束導致地方政府的風險偏好進一步增強，傾向於借助債務融資方式尋求地方經濟的發展。於是，隨著地方政府官員的職位晉升、權力不斷增大，其對資源的支配能力也隨之增大，地方政府性債務規模也越來越大，不可避免地形成了債務風險。

可以看出，中國的政治基礎、經濟基礎和社會主義市場經濟體制是地方政府債務形成的體制因素，分稅制改革和土地財政是地方政府債務形成的制度基礎，法律約束、官員考核機制、預算軟約束等是地方政府債務擴張的助推力。這些因素相互作用，形成了地方政府性債務風險。

綜上所述，地方政府性債務風險的形成機理可以簡單地闡述如下：在中國的政治制度基礎和經濟基礎的前提下，政府代表人民支配國家的資源，並由地方政府協調中央政府履行國家行政職能，這也體現在基礎設施和市政建設等公共物品的生產和供給中。為了提高地方政府執行效率，中國推行了分稅制改革，但同時引發了財權和事權不匹配的問題，催生了土地財政模式下的地方政府性債務融資。中國的法律制度體系不健全、官員任命和考核機制不完善、預算軟約束等現實，誘使一些地方政府官員在個人利己主義的驅使下，不考慮地方經濟的可持續發展而大肆舉借債務，地方政府性債務風險隱患增加。

第五章 基於微觀視角的四川省地方政府性債務風險評估

基於微觀視角的地方政府性債務風險評估是指通過對地方政府借債主體（主要是政府融資平臺公司）的數據進行收集，利用現代化的計量分析工具，構建評估債務風險的指標體系，進而評估地方政府性債務的風險程度，最終為各級政府制定有效的地方政府性債務風險防控機制提供科學依據。

根據修訂前的《中華人民共和國預算法》與《中華人民共和國擔保法》的規定，地方政府不得舉債、發行債券和提供擔保，這就從法律上禁止了地方政府的債務融資，地方政府為了規避這些法律條款的約束，最典型的方式就是通過融資平臺進行融資。截至2013年6月底，四川省融資平臺作為地方政府債務舉債主體承擔的負有償還責任、負有擔保責任、可能承擔一定救助責任的地方政府債務餘額占比分別為36.64%、47.13%和66.22%。可以推知，地方政府融資平臺公司債務的潛在風險是地方政府性債務風險的重要來源。因此，在地方政府性債務多元化的舉債主體中，地方政府融資平臺債務的情況具有較強的代表性。截至2013年6月底，四川省地方政府性債務中負有償還責任、負有擔保責任、可能承擔一定救助責任的地方政府性債務資金來源於銀行貸款渠道的占比分別為39.13%、68.69%和47.16%，銀行貸款是地方政府債務資金來源的主要渠道之一。在地方政府不得舉債融資的法律限制下，地方政府融資平臺成為地方政府利用銀行貸款進行地方基礎設施建設和公益項目建

設的重要載體。由此來看，地方融資平臺的負債能夠在一定程度上反應四川省的地方政府性債務規模和變化。

此外，有學者也指出地方政府性債務風險主要集中於地方政府融資平臺。地方政府性債務風險主要集中在隱性債務風險（王桂花和許成安，2014），而地方政府融資平臺債務是地方政府隱性債務的重要構成（中國工商銀行投資銀行部課題組，2011）。王永欽、陳映輝和杜巨瀾（2016）表示，中國地方政府債務的違約風險主要集中在地方政府融資平臺。

基於此，本書將關注重點放在了地方政府融資平臺公司債務風險的研究，通過對融資平臺公司的財務風險現狀來映射四川省地方政府性債務風險情況。本書應用主成分分析法和條件概率模型對地方政府融資平臺風險進行測度。一方面，本書借助主成分分析法分析地方政府融資平臺的風險變化趨勢及處於不同風險程度的融資平臺數量的變化趨勢；另一方面，本書基於條件概率模型反應地方政府平臺公司發生風險的概率水準和趨勢。

第一節 基於主成分分析法的地方政府性債務風險評估

一、主成分分析法測度風險的原理

（一）主成分分析法原理

在處理企業信息時，當兩個或多個變量之間存在一定的相關關係時，信息間的重疊將會給統計方法應用帶來較大障礙，降低統計方法的實際效果。解決該問題的根本方法在於減少變量個數。學者們經過探索，找到了一種既能減少模型變量個數又不會丟失較多信息的方法，這就是主成分分析法。

主成分分析法的基本思想是將實際測試的多個指標，通過降維的方法，用相互獨立的主成分指標的線性組合來反應實測指標的主要信息。主成分分析法具有主成分個數遠小於原有變量個數、反應原有變量的絕

大部分信息、各個主成分之間無相關關係等特點。

假設對某一問題的研究涉及 P 個指標，記為 X_1，X_2，……，X_p，並由這些變量構成隨機向量 X，設 X 的均值向量為 μ，協方差矩陣為 $\sum$。設 Y 為對 X 進行線性變換後的合成隨機變量，即：

$$\begin{pmatrix} Y_1 \\ Y_2 \\ \vdots \\ Y_p \end{pmatrix} = \begin{pmatrix} a_{11} & a_{12} & \cdots & a_{1p} \\ a_{21} & a_{22} & \cdots & a_{2p} \\ \vdots & & \ddots & \vdots \\ a_{p1} & a_{p2} & \cdots & a_{pp} \end{pmatrix} \begin{pmatrix} X_1 \\ X_2 \\ \vdots \\ X_p \end{pmatrix}$$

設 $a_i = (a_{i1}, a_{i2}, \cdots, a_{ip})'$，$A = (a_1, a_2, \cdots a_p)'$，則有：

$Y = AX$，$i = 1, 2, \cdots, p$

且 $\mathrm{var}(Y_i) = a_i' \sum a_i$，$i = 1, 2, \cdots, p$

$\mathrm{cov}(Y_i, Y_j) = a_i' \sum a_j$，$i, j = 1, 2, \cdots, p$

不同線性組合下的 Y 的統計特徵顯然不同，系數向量 a_i 的任意擴大將會使得 Y_i 的方差無限擴大。為消除這一不確定性，必須增加一個約束，學者們一直認為 $a_i' a_i = 1$ 是較好的約束條件；同時，Y 的各個分量的信息不應重疊。因此，線性變換還要滿足如下約束：

（1）$a_i' a_i = 1$。

（2）Y_1 在滿足約束 $a_i' a_i = 1$ 的條件下，方差最大，Y_2 在滿足 $a_i' a_i = 1$ 且與 Y_1 不相關時方差最大；同理，Y_p 是在滿足 $a_i' a_i = 1$ 且與 Y_1, Y_2, $\cdots$, Y_{p-1} 不相關的條件下，各線性組合中方差最大者。

滿足上述約束條件得到的 Y_1, Y_2, $\cdots$, Y_p 即為初始變量 X_1, X_2, $\cdots$, X_p 的第一主成分、第二主成分……第 P 主成分，並且各個主成分對總方差的貢獻率依次遞減。

（二）主成分分析法測度地方政府性債務風險的原理

基於主成分分析法測度地方政府性債務風險的主要原理也是按照這一思路，經過主成分分析法得到地方政府融資平臺公司財務狀況的有效主成分，進而得到該公司的財務整體狀況，從而評估地方政府融資平臺

公司的潛在風險。

　　為了能夠更好地反應地方政府融資平臺公司的債務風險，本書以地方政府融資平臺公司樣本為實驗組，選擇財務狀況或其他狀況異常的ST上市公司作為風險參照組，基於主成分分析法進行分析。分析思路如下：

　　（1）基於主成分分析法評估地方政府融資平臺公司和ST上市公司的財務狀況，進而反應其風險水準。具體而言：第一，基於KMO測試方法檢測變量間相關關係的強弱，通常KMO的值越高表明變量的共性越強，當KMO的值大於0.6時，可以進行主成分分析；第二，計算各主成分的特徵值與貢獻率，借助指標變量特徵值大於1的標準確定有效主成分因子個數；第三，計算主成分的特徵向量，得到每個主成分因子的載荷矩陣，即原始財務指標與主成分因子的相關係數矩陣；第四，計算有效主成分因子的得分值；第五，以方差貢獻率為權重，基於有效主成分因子的得分值進行計算得到綜合得分，用以反應融資平臺公司的財務狀況。地方政府融資平臺公司的財務狀況同債務風險呈負向變動關係，即融資平臺公司的財務狀況越好，意味著融資平臺公司發生債務風險的可能性越低，地方政府性債務風險越小。

　　（2）基於財務狀況綜合得分對地方政府融資平臺公司進行分組。具體而言：第一，基於綜合得分大小根據分位數將ST上市公司平均分成三組；第二，根據ST上市公司分組形成的分位數值作為臨界值，對地方政府融資平臺公司進行分組，得到財務狀況相對較好組、財務狀況中等水準組和財務狀況較差組，即反應低風險組、中等風險組和高風險組。

　　（3）評估地方政府融資平臺公司的風險。對樣本期內各年的風險情況進行統計分析：一方面，以各年綜合得分的均值反應地方政府融資平臺公司的風險變化趨勢；另一方面，得到各風險組樣本觀測值的個數及其占當年樣本總數的占比，反應處於不同風險程度的融資平臺數量的變化趨勢。

二、基於主成分分析法的地方政府性債務風險測度

(一) 數據來源

本書以四川省地方政府融資平臺公司為研究樣本，以四川省內出現財務狀況或其他狀況異常的 ST 上市公司作為風險參照組，測度四川省地方政府性債務風險。地方政府融資平臺公司數據主要通過城投債數據來體現，數據來源於 Wind 數據庫；ST 公司相關數據來源於 CSMAR 數據庫。考慮到中國自 2009 年起開始放開城投公司發行債券，因此本書的樣本數據以 2009 年作為起點，樣本期為 2009—2016 年。

剔除財務數據存在缺漏的樣本觀測值後，本書共收集到四川省地方政府融資平臺公司城投債有效樣本觀測值 1,311 條，四川省 ST 公司有效樣本觀測值 618 條。各年度的樣本觀測值數量如表 5-1 所示。

表 5-1　　　　　　　　分年度樣本觀測值數量　　　　　　單位：條

年度	地方政府融資平臺公司	ST 上市公司
2009	36	73
2010	82	77
2011	123	78
2012	163	79
2013	186	79
2014	216	78
2015	253	77
2016	252	77

(二) 變量選擇

為了能夠充分地反應地方政府融資平臺公司和 ST 公司的風險水準，本書將收集資產結構、負債結構、利潤結構、盈利質量、償債能力、營運能力和盈利能力等多個角度的財務數據，以體現其財務狀況。其中，資產結構通過流動資產占比、有形資產占比反應，負債結構通過長期負債占比反應，利潤結構通過主營業務比率、營業利潤占比和淨利潤占比

反應,盈利質量通過現金營運指數反應,長期償債能力通過股東權益比率反應,短期償債能力通過流動比率、速度比率和現金比率反應,營運能力通過總資產週轉率反應,盈利能力通過總資產報酬率、總資產淨利率和淨資產收益率反應。所有變量均為正向指標,即變量數值越大,財務狀況越好。各指標的計算公式如表 5-2 所示。

表 5-2　　　　　　　　　　變量及計算公式

變量	計算公式	變量	計算公式
流動資產占比	=流動資產/總資產	流動比率	=流動資產/流動負債
有形資產占比	=有形資產/總資產	速動比率	=速動資產/流動負債
長期負債占比	=長期負債/負債合計	現金比率	=(貨幣資金+交易性金融資產)/流動負債
主營業務比率	=主營業務利潤/利潤總額	總資產週轉率	=營業收入/平均資產總額
營業利潤占比	=營業利潤/營業收入	總資產報酬率	=息稅前利潤總額/平均資產總額
淨利潤占比	=淨利潤/營業收入	總資產淨利率	=淨利潤/平均資產總額
現金營運指數	=經營現金流量/經營所得現金	淨資產收益率	=淨利潤/平均股東權益
股東權益比率	=所有者權益/總資產		

(三) 描述性統計

首先,本書對各變量進行描述性統計,以直觀地反應地方政府融資平臺公司和 ST 上市公司的財務狀況和數據特徵。

描述性統計結果(見表 5-3)顯示,與 ST 上市公司相比,地方政府融資平臺公司的流動資產占比、長期負債占比、營業利潤占比、淨利潤占比、股東權益比率、流動比率、速動比率和現金比率、總資產報酬率、總資產淨利率和淨資產收益率等財務指標的均值水準相對較高。這表明地方政府融資平臺公司的財務狀況總體要好於 ST 上市公司。同時,與 ST 上市公司相比,地方政府融資平臺公司的淨利潤占比、營業利潤占比、現金營運指數、股東權益比率等指標的標準差與其非常接近,而主營

務比率、流動資產占比、有形資產占比、長期負債占比、流動比率、速動比率和現金比率等指標的標準差明顯較高。這可能是由於ST上市公司是財務狀況或其他狀況出現異常後被標記的上市公司，而地方政府融資平臺公司發行的城投債的財務狀況層次各異，導致總體的財務狀況要優於ST上市公司且差異性較大。這也在一定程度上證實，以ST上市公司作為風險對照組具有一定的合理性。

表 5-3　　　　　　　　　描述性統計表

變量	地方政府融資平臺公司($N=1,311$)				ST公司（$N=618$）			
	均值	標準差	最小值	最大值	均值	標準差	最小值	最大值
淨利潤占比	0.362	0.263	-0.050,7	0.967	-0.058,9	0.275	-0.471	0.967
主營業務比率	0.412	0.443	-0.515	1	1	0.000,2	0.998	1
營業利潤占比	0.181	0.265	-0.621	0.816	-0.122	0.288	-0.621	0.816
流動資產占比	0.699	0.26	0.203	0.994	0.533	0.229	0.203	0.994
有形資產占比	0.544	0.178	0.226	0.963	0.955	0.052,5	0.725	1
長期負債占比	0.586	0.2	0.001,8	0.875	0.173	0.189	0.001,8	0.875
現金營運指數	-0.494	2.761	-7.635	4.748	-0.126	3.095	-7.635	4.748
流動比率	5.891	4.653	0.491	17.84	1.617	1.947	0.491	17.84
速動比率	2.255	1.643	0.268	6.724	1.082	1.307	0.268	6.724
現金比率	0.653	0.562	0.026	2.149	0.356	0.522	0.026	2.149
股東權益比率	0.579	0.157	0.127	0.839	0.412	0.219	0.127	0.839
總資產週轉率	0.075,7	0.063,2	0.015	0.642	0.41	0.238	0.015	0.761
總資產報酬率	0.025,8	0.014,8	0.000,1	0.068,6	-0.003	0.054,7	-0.091	0.068,6
總資產淨利率	0.020,1	0.013,7	-0.002,1	0.058,9	-0.019,3	0.057,7	-0.113	0.058,9
淨資產收益率	0.033,3	0.021,5	-0.008,6	0.124	-0.047,3	0.147	-0.305	0.124

（四）KMO測試及有效主成分個數確定

Kaiser-Meyer-Olkin（KMO）抽樣充分性測試用以判斷是否適用於因子分析方法。KMO測試方法通過比較兩個變量的相關係數與偏相關關係系數檢測變量間相關關係的強弱，KMO介於0到1之間，通常KMO的值

越高，變量的共性越強。如果偏相關關係系數相對於相關係數比較高，則 KMO 比較低，表明主成分分析法的數據約化效果不好。KMO 的檢測判斷標準如下：0~0.49，表明數據約化效果不能接受；0.50~0.59，表明數據約化效果非常差；0.60~0.69，表明數據約化效果勉強能夠接受；0.70~0.79，表明數據約化效果可以接受；0.80~0.89，表明數據約化效果比較好；0.90~1.00，表明數據約化效果非常好。

筆者對樣本的財務指標進行 KMO 檢驗，檢驗結果（見表 5-4）顯示，樣本的充分性測試結果 KMO 值為 0.737，各個變量間存在明顯的相關關係，數據約化效果可以接受，適合進行主成分分析。

表 5-4　　　　　　　　　主成分分析 KMO 測度

變量	KMO
淨利潤占比	0.795
主營業務比率	0.537
營業利潤占比	0.705
流動資產占比	0.489
有形資產占比	0.660
長期負債占比	0.801
現金營運指數	0.672
流動比率	0.772
速動比率	0.776
現金比率	0.780
股東權益比率	0.682
總資產週轉率	0.776
總資產報酬率	0.706
總資產淨利率	0.718
淨資產收益率	0.936
總體	0.737

（五）有效主成分萃取與企業財務風險計算

主成分分析法中，我們可以借助指標變量特徵值大於 1 的標準或借

助碎石圖中位於縱坐標1以上的點數個數來提取公因子。此處將借助指標變量特徵值大於1的標準確定主成分因子個數。

主成分分析的特徵值（見表5-5）顯示，特徵值大於1的共有4個主成分，即有效的主成分共有4個。同時，基於各主成分對應的累積貢獻率信息可知，前4個主成分對原財務指標的累計解釋率為0.723，集中了原財務指標的大部分信息。

表5-5　　　　　　　　主成分分析特徵值與貢獻率

主成分	特徵值	標準差	貢獻率	累積貢獻率
主成分1（$F1$）	5.623	3.564	0.375	0.375
主成分2（$F2$）	2.059	0.163	0.137	0.512
主成分3（$F3$）	1.896	0.630	0.126	0.639
主成分4（$F4$）	1.266	0.276	0.0844	0.723
主成分5（$F5$）	0.990	0.139	0.0660	0.789
主成分6（$F6$）	0.851	0.205	0.0567	0.846
主成分7（$F7$）	0.646	0.258	0.0431	0.889
主成分8（$F8$）	0.388	0.0616	0.0259	0.915
主成分9（$F9$）	0.327	0.0371	0.0218	0.937
主成分10（$F10$）	0.290	0.0467	0.0193	0.956
主成分11（$F11$）	0.243	0.0784	0.0162	0.972
主成分12（$F12$）	0.165	0.0316	0.0110	0.983
主成分13（$F13$）	0.133	0.0294	0.0089	0.992
主成分14（$F14$）	0.104	0.0847	0.0069	0.999
主成分15（$F15$）	0.0188	—	0.0013	1

依據主成分因子負荷表（見表5-6），分別計算地方政府融資平臺公司和ST上市公司4個有效主成分的得分。再基於公式5-1，以4個有效主成分的方差貢獻率為權重得到各觀測值的綜合得分，用以反應樣本的財務狀況或風險水準。

$$Z=0.375\times F1+0.137\times F2+0.126\times F3+0.0844\times F4 \qquad （公式5-1）$$

綜合得分與公司的風險水準呈負向變動關係，即綜合得分越高，則財務狀況越好，意味著公司的風險水準越低。

表5-6　　　　　　　主成分因子負荷表（特徵向量）

變量	主成分1(F1)	主成分2(F2)	主成分3(F3)	主成分4(F4)
淨利潤占比	0.346	0.129	-0.034,6	0.108
主營業務比率	-0.154	0.138	0.485	0.229
營業利潤占比	0.300	0.206	0.133	0.201
流動資產占比	0.140	-0.008,49	0.090,2	-0.723
有形資產占比	-0.189	0.106	0.552	-0.084,8
長期負債占比	0.293	-0.292	-0.183	0.208
現金營運指數	-0.034,2	0.093	-0.050,9	0.331
流動比率	0.293	-0.262	0.296	-0.221
速動比率	0.278	-0.337	0.293	0.118
現金比率	0.239	-0.306	0.230	0.332
股東權益比率	0.262	-0.080,5	0.242	-0.174
總資產週轉率	-0.238	0.279	0.330	0.087,7
總資產報酬率	0.298	0.429	-0.002,72	0.004,36
總資產淨利率	0.334	0.380	-0.008,22	-0.023,2
淨資產收益率	0.281	0.360	-0.049,3	-0.005,26

（六）地方政府性債務風險評估

本書基於主成分分析法計算地方政府融資平臺公司財務指標的綜合得分，並對樣本期內各年度的綜合得分進行統計分析，以反應樣本期內地方政府融資平臺公司的風險變化情況。為了形象地展示地方政府融資平臺公司的綜合得分趨勢，就各年度綜合得分均值繪製了折線圖。

由綜合得分趨勢圖（見圖5-1）可以看出，除2011年較2010年略有上浮外，綜合得分總體呈現下降趨勢，這表明地方政府融資平臺公司的財務狀況並不樂觀，表現出逐年惡化的情況。根據前面的分析可知，綜合得分同風險水準呈現負向變動關係，這表明地方政府融資平臺公司的債務風險逐步暴露、逐年增加。2011年債務風險有所緩解，可能是由於2010年6月國務院發布的《關於加強地方政府融資平臺公司管理有關問

題的通知》對城投債形成了一定的制約和規範，並在 2011 年的風險水準上有所體現。

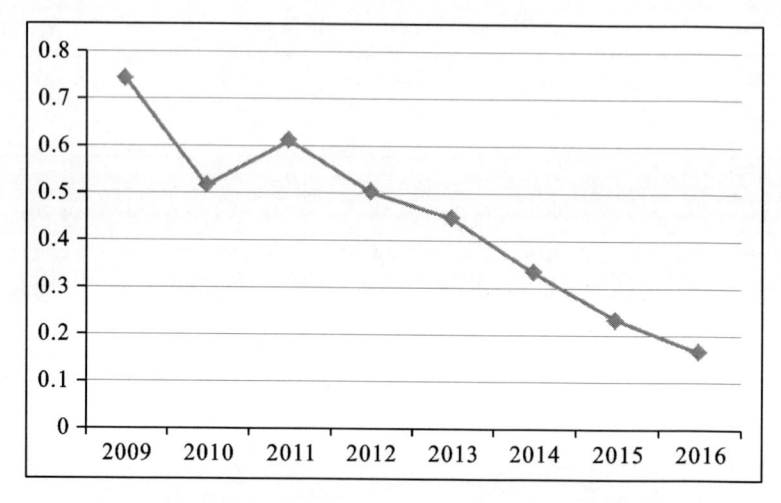

圖 5-1　地方政府融資平臺公司樣本綜合得分趨勢圖

就樣本期內各年度綜合得分的標準差（見表 5-7）來看，總體呈現出逐年下降的趨勢，這表明地方政府融資平臺公司財務狀況（或風險水準）的差異性在逐年縮小。這可能是由於隨著地方政府融資平臺公司相關的政策措施的出抬，融資平臺的城投債發行也逐步完善和趨同，財務狀況的差異性降低。

表 5-7　　　　　地方政府融資平臺公司各年度綜合得分

年份	樣本量	均值	標準差	最小值	最大值
2009	36	0.742,1	0.763,4	-0.409,2	2.233,1
2010	82	0.515,1	0.733	-0.440,5	2.516,6
2011	123	0.611,1	0.712,2	-0.356,1	2.270,6
2012	163	0.502,2	0.647,5	-0.466,6	2.25
2013	186	0.446,7	0.589,4	-0.431,9	2.203,4
2014	216	0.333,2	0.552,4	-0.526,4	2.051,2
2015	253	0.232	0.426,8	-0.648,3	1.424,7
2016	252	0.164,9	0.438,8	-0.648,6	1.849,6

根據綜合得分，筆者將 ST 上市公司分為低風險組、中等風險組和高風險組三類，並對各組的 ST 上市公司的財務指標進行描述性統計，基於均值水準進行對比分析。

財務指標統計結果（見表 5-8）顯示，所有的財務指標變量在高風險組、中等風險組和低風險組均呈現依次增大的特徵。由於所有變量指標均為正向指標，即數值越大則財務狀況越好，因此高風險組、中等風險組和低風險組的財務狀況逐漸優化、風險水準依次下降，這表明對 ST 上市公司的風險分組是合理的。

表 5-8　　ST 上市公司風險綜合得分和財務變量均值對比表

變量	高風險（$N=206$）	中等風險（$N=206$）	低風險（$N=206$）
綜合得分（Z）	-2.049	-0.576	0.289
淨利潤占比	-0.339	-0.002,4	0.165
主營業務比率	1	1	1
營業利潤占比	-0.398	-0.069,4	0.101
流動資產占比	0.476	0.513	0.612
有形資產占比	0.949	0.954	0.962
長期負債占比	0.175	0.169	0.176
現金營運指數	-0.262	-0.073,1	-0.043,6
流動比率	1.052	1.234	2.566
速動比率	0.672	0.814	1.759
現金比率	0.178	0.25	0.64
股東權益比率	0.323	0.379	0.535
總資產週轉率	0.343	0.452	0.436
總資產報酬率	-0.067,8	0.013,5	0.045,4
總資產淨利率	-0.090,2	-0.003,3	0.035,7
淨資產收益率	-0.2	-0.009,5	0.067,2

筆者以 ST 上市公司分組的分位數作為臨界值，對地方政府融資平臺公司進行分組，分為低風險組、中等風險組和高風險組，並統計樣本期

內各年處於不同風險組的數量和占比情況。

根據地方政府融資平臺公司的分組情況（見表5-9）可知，地方政府融資平臺公司的城投債的風險處於低風險和中等風險水準，還沒有樣本居於高風險組。此外，就各風險樣本觀測值在當年樣本觀測值的占比來看，樣本觀測期內各年均表現出低風險樣本觀測值占比明顯高於中等風險樣本觀測值占比。這同前面就四川省地方政府債務現狀分析得出的「四川省地方政府性債務風險總體可控」的結論相吻合。然而，隨著地方政府融資平臺公司及其發行的城投債數量的不斷增多，居於低風險和中等風險水準的樣本觀測值數量也呈逐年上升趨勢。

表5-9　　　　　　　　地方政府融資平臺公司風險分組情況

年度	中等風險 數量	中等風險 占比（%）	低風險 數量	低風險 占比（%）
2009	2	5.56	34	94.44
2010	10	12.20	72	87.80
2011	6	4.88	117	95.12
2012	15	9.20	148	90.80
2013	18	9.68	168	90.32
2014	25	11.57	191	88.43
2015	29	11.46	224	88.54
2016	39	15.48	213	84.52

為了更形象地呈現樣本期內地方政府融資平臺公司城投債樣本值的風險變化趨勢，筆者對樣本期內中等風險樣本占比繪製折線圖。如圖5-2所示，2009年後中等風險樣本占比上升，這可能是由於2009年中國開始放開城投債的發行但相應的制度體系尚不完善，地方政府融資平臺公司開始大量發行城投債，從而使得中等風險樣本占比上升；2011年中等樣本占比大幅下降，這可能是受到2010年6月國務院發布的《關於加強地方政府融資平臺公司管理有關問題的通知》的影響。隨著後續相關的整改措施和文件的相繼出抬，城投債的發行逐步規範化，居於中等風險水

準的樣本觀測值占比在 2012 年後逐步平穩、略有上升。然而，與 2015 年相比，2016 年中等風險樣本觀測值數量又表現出明顯的上漲趨勢。

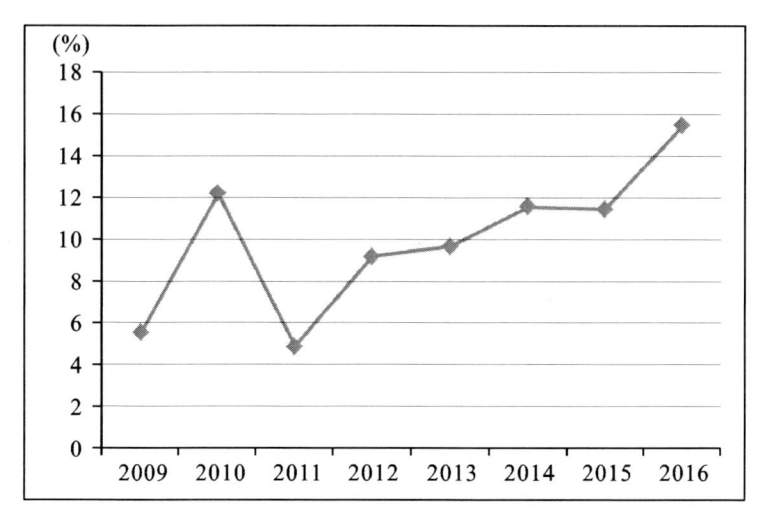

圖 5-2　地方政府融資平臺公司中等風險樣本占比趨勢圖

第二節　基於條件概率模型的地方政府性債務風險評估

一、條件概率模型測度風險的原理

（一）條件概率模型的原理

條件概率模型作為一種重要的風險預測模型，主要以事件發生的概率為基礎進行預警，預測某一公司是否存在破產風險的標準在於其條件概率模型測度的違約概率。

對於一般的條件概率模型，其基本的計量經濟學模型如下：

$Y = X\beta + \mu$

其中，Y 的觀測值是 0 或 1，分別表示未發生風險和發生風險兩種情況；同時，由於 $X\beta$ 並不總是處於 [0，1] 的範圍內。因此，該模型被進一步的演化為：

$y_i^* = X_i\beta + \mu_i, \mu \sim iid(0, \sigma^2)$

$$y_i^* = \begin{cases} 1 & y_i^* > 0 \\ 0 & \text{其他} \end{cases}$$

對於擾動項 μ_i 的分佈情況,可以設其服從正態分佈和邏輯分佈兩種對稱分佈,由此可以進一步將模型寫為:

$$p(y_i = 1) = p(y_i^* > 0)$$
$$= p(X_i\beta + \mu_i > 0)$$
$$= p(\mu_i > -X_i\beta)$$
$$= p(\mu_i < X_i\beta) = F(X_i\beta)$$

其中,F 為概率分佈函數,由上述推導出來的概率的值被界定在 0～1 之間。根據觀測公司的狀況,公司要麼發生違約,要麼不發生違約,因此有:

$$p(y_i = 1) + p(y_i = 0) = 1$$
$$p(y_i = 0) = 1 - p(y_i = 1) = 1 - F(X_i\beta)$$

當 F 服從正態分佈情形時,一般稱之為 Probit 模型;服從邏輯分佈時,一般稱之為 Logit 模型。

(二) 條件概率模型測度地方政府性債務風險的原理

本書以地方政府融資平臺公司樣本為實驗組,選擇財務狀況或其他狀況異常的 ST 上市公司作為風險參照組,基於條件概率模型評估地方政府性債務風險。

具體思路如下:首先,基於條件概率模型,對實驗組和參照組樣本觀測值進行迴歸,並得到迴歸系數;其次,預測地方政府融資平臺公司的風險概率值,並以此概率值作為地方政府融資平臺公司爆發債務風險的概率水準;最後,統計樣本期內各年度地方政府融資平臺公司風險概率情況,反應其發生風險的水準和趨勢。

二、基於條件概率模型的地方政府性債務風險測度

財務狀況惡化是引起公司爆發風險的重要因素。因此,本書引入公司的財務指標作為解釋變量,以是否發生風險作為被解釋變量建立條件概率模型進行實證分析。

(一) 數據來源與變量選擇

筆者以四川省地方政府融資平臺公司為研究樣本，以四川省內出現財務狀況或其他狀況異常的 ST 上市公司作為風險參照組，基於條件概率模型測度地方政府融資平臺公司的風險，進而反應四川省地方政府性債務風險。地方政府融資平臺公司的城投債數據來源於 Wind 數據庫，ST 公司相關數據來源於 CSMAR 數據庫，樣本期為 2009—2016 年。剔除財務數據存在缺漏的樣本觀測值後，筆者共收集到四川省地方政府融資平臺公司城投債有效樣本觀測值 1,311 條，四川省 ST 公司有效樣本觀測值 618 條。

其中，被解釋變量「是否發生風險」為 0-1 虛擬變量，當樣本公司為 ST 上市公司時，則為 1；當樣本公司為地方政府融資平臺公司時，則為 0。解釋變量包括反應公司資產結構、負債結構、利潤結構、盈利質量、償債能力、營運能力和盈利能力等多個角度的財務數據。其中，資產結構通過流動資產占比、有形資產占比反應，負債結構通過長期負債占比反應，利潤結構通過主營業務比率、營業利潤占比和淨利潤占比反應，盈利質量通過現金營運指數反應，長期償債能力通過股東權益比率反應，短期償債能力通過流動比率、速度比率和現金比率反應，營運能力通過總資產週轉率反應，盈利能力通過總資產報酬率、總資產淨利率和淨資產收益率反應。由於上述變量同上一節「主成分分析法測度債務風險」涉及的變量相同，此處不再呈現變量的計算公式和描述性統計結果。

考慮到將影響公司財務狀況的指標均引入迴歸中，可能會產生多重共線性問題，同時降低迴歸的自由度，因此這部分將在主成分分析法的基礎上，以上一節分析中選取的 4 個有效主成分作為解釋變量參與迴歸。基於前面的分析可知，選擇的 4 個有效主成分能夠解釋原有財務指標 73.7% 的信息，涵蓋的信息量相對較充分，同時將參與迴歸的解釋變量個數由 15 個降至 4 個，明顯改善了自由度。

(二) 地方政府性債務風險評估

筆者以「是否發生風險」為被解釋變量，以 4 個有效主成分為解釋

變量，在考慮年度虛擬變量的條件下，分別基於 Probit 模型和 Logit 模型進行迴歸。

迴歸結果（見表5-10）顯示，Probit 模型和 Logit 模型中，4 個有效主成分的迴歸系數均顯著，並且各有效主成分對被解釋變量的影響系數的正負在兩個模型中都一致，只是由於模型不同，系數值大小存在差異；各檢驗指標也非常理想，表明以有效主成分因子代替原財務指標參與迴歸的效果較好。

表 5-10　　　　　　　　基於條件概率模型的迴歸結果

	Probit	Logit
主成分1（F1）	-2.809*** (-5.651)	-5.622*** (-5.140)
主成分2（F2）	1.219*** (4.559)	2.353*** (4.219)
主成分3（F3）	4.850*** (5.275)	9.812*** (4.806)
主成分4（F4）	1.148*** (4.340)	2.236*** (4.154)
常數項	-2.580*** (-3.145)	-5.047*** (-3.103)
年度	控制	控制
樣本量	1,929	1,929
Log likelihood	-26.692	-26.035
LR chi2（4）	2,366.162	2,367.476
Prob > chi2	0.000	0.000

註：(1) 括號內為 t 檢驗值；(2) *、**、*** 分別表示在 10%、5%、1% 水準下顯著。

筆者基於條件概率模型擬合地方政府融資平臺公司爆發風險的概率值，並對樣本期內各年度的概率水準進行統計分析。由於 Probit 模型和 Logit 模型預測的風險水準與趨勢非常接近，此處僅呈現基於 Probit 模型的預測結果。

根據統計結果（見表5-11）可知，2009—2016 年，地方政府融資平

臺公司爆發風險的概率均值水準相對較低，最高時爆發風險的均值水準為1.36%，這表明四川省以地方政府融資平臺公司作為主要舉債主體的地方政府性債務風險總體可控。然而，根據統計結果的最大值可以看出，仍然存在著風險概率較高的樣本觀測值。因此，我們不能盲目樂觀，忽視地方政府性債務風險。

表5-11　樣本期內地方政府融資平臺公司各年的風險水準預測值

年份	樣本量	均值	標準差	最小值	最大值
2009	36	0.013,6	0.053,8	0	0.314,8
2010	82	0.010,4	0.044,3	0	0.334
2011	123	0.001,8	0.010,7	0	0.105,4
2012	163	0.006,4	0.055,3	0	0.702,2
2013	186	0.009	0.052,3	0	0.358,6
2014	216	0.004,7	0.032,5	0	0.24
2015	253	0.006,4	0.035,5	0	0.284,7
2016	252	0.004,1	0.038,2	0	0.543

為了更加直觀地看到樣本期內地方政府融資平臺公司發生風險的概率水準的變化趨勢，筆者對各年度風險概率均值繪製折線圖。

風險概率趨勢圖（見圖5-3）顯示，2009—2016年，地方政府性債務風險趨勢表現出如下特徵：平均來看，與2009年相比，2010年和2011年發生風險的概率水準持續下降，並且2011年下降的幅度非常大，達到2009—2016年的最低水準；2012年發生風險的概率水準較2011年有所上浮，但僅為2010年風險概率水準的60%左右；2013年發生風險的概率水準持續上升，但仍未達到2010年的風險概率水準；2014—2016年發生風險的概率水準呈現起伏狀態，但相對較平穩，2014年較2013年略有下降，2015年較2014年上浮，2016年較2015年下降。

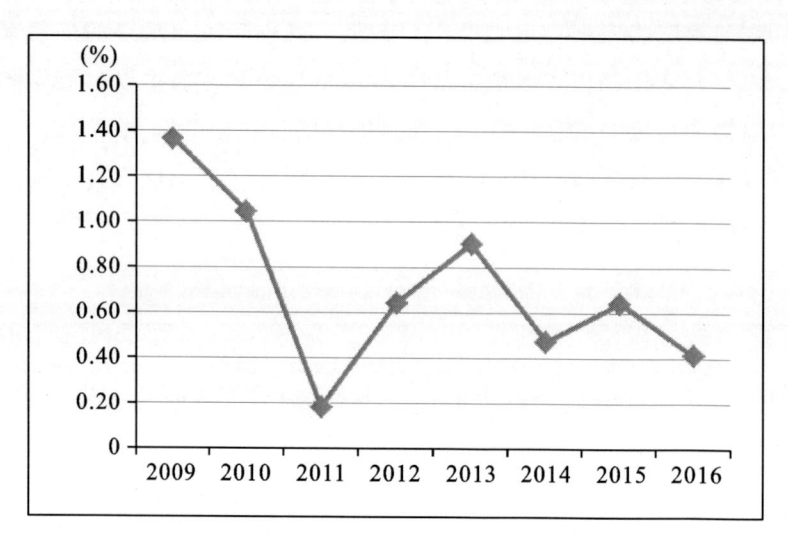

图 5-3　地方政府融资平台风险概率趋势图

　　总体而言，2009—2012 年，风险发生概率波幅较大；2013—2016 年，风险发生概率相对较平稳，风险发生概率虽然没有再次达到 2011 年的最低水准，但较前期有所缓解和控制。这可能得益于 2010 年起中国在地方政府性债务管理和地方政府融资平台公司等方面采取的一系列措施。

　　本章基于微观视角，以作为地方政府性债务主要举债主体的地方政府融资平台公司为切入点，基于主成分分析法和条件概率模型反应地方政府性债务风险。由于利用主成分分析法和条件概率模型预测风险的思路与原理不同，因此样本期内对风险水准及其变化趋势的评估结果也存在差异。然而，基本结论是一致的，即 2010 年起，受到中国对地方政府债务管理和地方政府融资平台公司相关规范与措施的影响，中国地方政府性债务风险得到明显的控制。然而，主成分分析法下，中等风险组样本占比呈现上升趋势，表明地方政府融资平台公司中存在的财务状况不理想样本占比在不断增加；基于条件概率模型得到的风险预测的统计结果中，最大值统计量的水准还相对较大，意味着仍存在着风险水准较大的地方政府融资平台公司。因此，我们仍不能忽视地方政府性债务风险的客观存在。

第六章　國內外地方政府性債務風險的防控經驗

西方發達國家和亞洲的一些國家較早地發行地方政府債券，特別是在數次債務危機後累積了豐富的地方政府性債務風險管理經驗。隨著中國地方政府性債務風險日漸凸顯，中國的一些省份也積極探索債務風險的防控措施。本章從事前防範、事中管理和事後處理三個層次，對國外地方政府性債務風險防控機制和中國部分省市的地方政府性債務防控經驗進行梳理，為四川省地方政府性債務風險防控提供思路和借鑑。

第一節　國外地方政府性債務風險的防控經驗

當前世界各國對地方政府債務管理的模式主要有市場約束型、共同協商型、制度約束型和行政控制型四類，分權程度逐漸降低（Teresa & Craig, 1997）。目前實行市場約束型債務管理模式的典型國家主要有加拿大，實行共同協商型債務管理模式的典型國家主要有澳大利亞，實行制度約束型債務管理模式的典型國家主要有美國和德國，實行行政控制型債務管理模式的典型國家主要有日本和法國。本節對四種模式下典型國家就地方政府債務風險防控機制進行系統的梳理。

一、市場約束型債務管理模式

（一）市場約束型債務管理模式的特徵

市場約束型債務管理模式主要適用於金融市場較為完善、信息技術比較發達、市場化程度高的工業化國家。在市場約束型債務管理模式下，國家的分權程度高、金融市場開放自由，地方政府舉借債務不受憲法或中央政府的限制，舉債規模取決於金融市場和投資人的投資決策。當地方政府存在資金需求時，可以借助完善的金融市場發行市政債券；投資者能夠借助透明的信息披露制度和發達的信息技術，獲得融資方的債務情況、償債能力、投資收益等信息，並做出是否購買和購買量等投資決策。一旦金融市場或融資方出現不利信息時，投資人可以隨時在金融市場中出售持有的政府債券，通過「用腳投票」的市場化方式，為地方政府的債務管理敲響「警鐘」。

市場約束型債務管理模式的有效運行主要依託於完善、有效的市場機制，地方政府通過金融市場實現融資目的，市場同時發揮監督和約束作用。加拿大是實行市場約束型債務管理模式的典型國家。

（二）加拿大的地方政府債務管理機制

加拿大地方政府債務管理機制的事前管理措施主要體現在賦予地方政府債務舉借權和預算管理制度。加拿大的法律賦予聯邦政府和省級政府舉債權，允許地方政府為經常性支出和資本性支出需要進行舉債而不受憲法的限制。為規範地方政府債務融資行為，加拿大實行嚴格的預算管理制度，要求地方政府必須秉承平衡預算的原則。

加拿大的債務使用和本息償還都是依靠金融市場的監測，同時加拿大地方政府債務的事中管理機制非常健全。第一，加拿大在財政部設立地方政府債務管理的專門機構——金融市場處，負責地方政府融資決策、債務管理和風險控制。第二，加拿大形成了健全的信用評級制度，地方政府債務接受國際評級機構或獨立的評級機構的信用評級，並公示信用評級結果，從而保證較高的信用度。第三，加拿大對地方政府性債務風險實行目標管理，並成立債務風險管理委員會制定政府融資策略、債務

組合和償債基金的風險系數，定期對地方政府債務管理績效和風險進行評估，做好風險發生前的預警工作。

二、共同協商型債務管理模式

(一) 共同協商型債務管理模式的特徵

共同協商型債務管理模式主要適用於民主化程度較高、行政制度健全和市場運行狀況良好的國家。該模式的主要特徵是中央政府和地方政府間的分權程度相對較高，雙方並非是嚴格的監管控制關係，地方政府債務管理事宜由中央政府與地方政府基於協商的方式解決。在共同協商型債務管理模式下，地方政府會根據宏觀經濟發展需要和地方政府融資需求制訂債務融資預算計劃，並同中央政府就預算收支情況、地方政府債務融資限額等進行協商並達成協議。當面臨資金缺口時，地方政府就可以基於事前達成的協議，通過銀行貸款或發行市政債券等融資方式舉借債務。債務融資的實現還依託於秩序良好的金融市場，地方政府會基於金融市場的資金供需情況確定融資成本和融資期限等要素。共同協商型債務管理模式能夠規避中央政府擔保等問題，弱化預算軟約束問題，但是會削弱中央政府的領導能力，形成中央政府和地方政府的政策協調成本。澳大利亞是實行共同協商型債務管理模式的典型國家。

(二) 澳大利亞的地方政府債務管理機制

為了更好地監督和管理各級地方政府債務，澳大利亞對於政府債務管理的事前防範措施主要包括法律賦予地方政府舉債主體地位、成立預算審計專業機構、限制舉債資金用途等。澳大利亞憲法規定，獲得中央政府的批准後，地方政府可以通過貸款、透支或發行債券等方式舉借債務。澳大利亞於1927年成立了預算審議的專門機構——借款委員會，監督、管理和協調地方政府債務。一方面，借款委員會根據國家的宏觀經濟運行狀況和財政政策目標，審查各級政府的舉債提議和預算編製情況，設置舉借規模控制線、調整債務預算，從而達到各級債務的合理分配；另一方面，聯邦和州政府需要定期向借款委員會匯報借款融資情況、資金使用情況和下一財政年度的淨融資規模。借款委員會在澳大利亞對政

府融資的監督管理中起到了綜合平衡和宏觀調控的作用。舉債資金的用途方面，除短期債務外，澳大利亞將其舉債資金的使用限制在基礎設施建設和公益性項目支出上，嚴禁用於彌補政府經常性預算缺口。

澳大利亞借助信用評級和信息披露兩方面的舉措對地方政府債務的事中環節實現有效管理。澳大利亞建立了地方政府信用評級機制，接受標準普爾等國際知名信用評級機構對各級政府的信用評級服務。澳大利亞非常重視財務信息披露的公開和透明，以保障地方政府債務的事中管理。在財務信息的公開披露上，以借款委員會為基礎，澳大利亞的地方政府還建立了一套較為完善的債務報告制度，即在本級預算報告中，地方政府將借款委員會對各項借款的分配情況真實、準確、完整地記錄下來。信息的公開化和透明化，有助於更全面地瞭解政府舉債信息，加強對債務風險的監控。

澳大利亞對於政府債務管理的事後處理主要體現在對償債的保障和應急處理方案方面。為了優化債務結構，提高債務管理效率，澳大利亞通過私有化方法，將原來的一些公有設施賣給私營部門，這樣既可以用所得資金償還債務，又可以逐漸剝離掉原來由借款委員會監控的一些部門，節約資源。澳大利亞的債務應急處理方案主要有三種：一是利用國有資產出售收入償還地方政府到期債務；二是實行地方政府破產清算制度，對嚴重債務違約的地方政府，可以申請破產；三是地方政府申請中央政府代為償還債務，尋求中央政府的救助。

三、制度約束型債務管理模式

（一）制度約束型債務管理模式的特徵

制度約束型債務管理模式主要適用於法律觀念濃厚、法律體制健全、執法能力較強的國家，這些國家對於地方政府債務的舉借、運用、償還和監管、危機處置等環節都設置了嚴格明晰的法律法規條款，能夠對地方政府的行為實施有效的管理和約束。制度約束型債務管理模式下，能夠保障地方政府債務管理公開化和透明化，並且易於監測。然而，由於地方政府性債務管理都限制在法律約束下，靈活性相對較差。美國和德

國是實行制度約束型債務管理模式的典型國家。

（二）美國的地方政府債務管理機制

美國是最早發行地方債的國家，與城市化幾乎同步。美國對地方政府債務的事前防範措施較為成熟。美國的法律賦予州及地方政府債務舉借權，並且可以自行確定舉債額度。同時，為防止州及地方政府過度舉債，超過財政的安全承受能力，美國制定了財政制度性約束，限制政府發債。例如，美國要求各州及地方政府的地方債務預算管理遵循平衡預算規則，即根據年度財政預算情況，美國各州制定相應的平衡預算執行議案，並報批州立法機構審議，只有通過後方可實施。美國嚴格控制地方政府債務規模，設定了負債率、債務率、資產負債率、稅收還款的淨債務與個人所得稅之比等指標。此外，美國嚴格限制地方政府債務籌集資金的用途，其只能用於與社會福利、教育、道路交通等有關的，能改善居民生活、促進工業發展的社會基礎設施建設。

美國地方政府債務的事中管理措施非常成熟。美國的金融市場較為發達，為維護市政債券市場的良好運行，從信息披露制度、信用評級機制和私人債券保險制度三方面落實地方政府債務的事中管理，以消除融資主體與投資者間的信息不對稱，強化對地方政府性債務的市場化監管。

隨著美國信息披露制度的不斷完善，為了納稅人能更好地瞭解政府的財務收支情況、避免信息不對稱引發的債務危機、專門化地方政府債務的監督管理，美國設立了市政債券辦公室和市政債券規則制定委員會，從各個方面監督市政債券市場。一般來說，市政債券上市前，發行人的償債能力和財務情況要由審計機構進行評估，律師事務所還要對債券的合法性提出意見。審計通過後，相關發行人和使用人仍需隨時更新債券有關信息，以預防市場上的一些暗箱操作和內幕交易行為。多層次、多元化的監管體制能將政府債券的風險控制在一個合理限度內。

鑒於美國聯邦政府對於地方政府的債務困難實行「不救助」原則，市政債券的投資者很可能因為地方政府違約而遭受風險。因此，美國地方政府非常重視地方政府債務的管理，形成了成熟的信用評級體制。美國主要引進了標準普爾、穆迪、惠譽、伊根-瓊斯等國際知名評級機構，

根據政府披露的財務信息和歷史債務償還情況，對政府信用進行評級，所評等級越高，表明政府信用程度越好，債務違約率越低，償債能力越強，政府籌資成本越低；反之，地方政府的信用評級越低，代表其發行的債券可能存在較高的違約風險，為了彌補風險，政府不得不允諾更高的利率，這樣就加大了發債成本。因此，引入金融市場的信用評級制度可以有效控制地方政府的發債規模，從而降低債務風險。

美國構建了債務風險預警機制。美國確定了地方政府性債務指標，一般採用負債率（年末債務餘額與當年 GDP 的比值）、債務負擔率（年末債務餘額與當年財政收入的比值）和債務依存度（當年舉債額佔當年財政支出的百分比）作為衡量債務風險的指標。美國對這些指標進行即時監測，對超出警戒線的指標予以重視。其中，俄亥俄州模式是量化風險預警制度的典型。在美國的俄亥俄州，由州審計局通過即時監測上述指標的變化情況來分析政府財政狀況，若指標顯示一些地方政府的舉債規模過大，債務風險水準高，則判斷該政府存在財政緊急，將其列入「預警名單」，若境況持續惡化，則將其列入「危機名單」，此時州政府會設立財政規劃與監督委員會，對當地財政狀況進行監督和援助，而地方政府在該委員會的幫助之下盡快採取措施，彌補財政赤字，化解政府債務危機。

美國地方政府債務的事後處理措施也較為豐富，建立了償債準備金制度和政府破產制度等。當地方政府因不能償還到期債務而對日常運行造成衝擊時，為了保證政府財政的正常運轉，美國建立了償債準備金制度，其數額為政府發行債券總額的 10%。該項資金可以用來緩解臨時支付不足，減少債務衝擊程度。資金通常來源於投資項目收入、發行人資本貢獻、信用證收入或債券發行溢價。對於地方政府違規舉債的行為，美國從立法上建立了政府破產制度，對不負責任的舉債行為給予嚴厲懲處。例如，根據破產法的規定，州政府和地方政府因其自身管理不善引致的債務危機，可以申請破產，但對於不合理的援助，聯邦政府將盡可能減少，同時司法機關還可以追究地方政府的法律責任。

（三）德國的地方政府債務管理機制

德國非常重視地方政府性債務風險事前防範措施。德國的地方財政預算管理主要採取橫向控制與縱向控制相結合的方式。橫向控制是指德國州與州之間、各級地方政府之間相互制衡的關係。例如，各州州長、各市市長根據本地區年度財政計劃需要編製自己的預算平衡表，在議會提請通過後由預算部門按計劃執行，各地方政府相互監督。縱向控制是指雖然各州及地方政府在財政均衡體制下被賦予了自主確定發債規模的權利，但聯邦政府仍然對州和市級政府的預算有監督管理責任。地方政府編製的預算計劃必須遵循聯邦立法的相關規定，提請聯邦政府審議，通過後方可執行，這就加強了聯邦政府對下級政府發債規模的控制力度。

此外，德國還通過受益原則和效率原則劃分各級政府間的財權與事權。例如，聯邦政府的稅收主要來自關稅、財產稅、國家壟斷經營收入等。相應地，其支出也主要集中於外交、公用事業、國防安全等領域。州政府的稅收主要來自地產購置稅、財產稅等，地方政府的稅收主要來自營業稅、消費稅等，它們的支出用於各自管理區域內的教育、能源、醫療保健等。財權與事權的明確劃分，能明晰償債資金來源和流程，可以有效提高債務風險的防範能力。

事中管理方面，德國重視地方政府債務的日常管理，強調將地方政府債務資金投資於基礎設施建設，以充分發揮經濟效益和社會效益。德國地方政府可以向銀行獲取貸款，並且中央政府也不得對地方政府債券發行施加約束。但是，德國地方政府的債務資金必須用於資本性支出。

四、行政控制型債務管理模式

（一）行政控制型債務管理模式的特徵

行政控制型債務管理模式主要適用於中央政府集權程度較高且具有較強的管理控制權、市場機制尚不完善的單一制國家。在行政控制型債務管理模式下，中央政府通過運用行政手段審批、監督和管理地方政府性債務，控制地方政府性債務管理的各環節。行政控制型債務管理模式能夠保障中央政府對地方政府的有效控制，有效地約束地方政府行為，

同時也會增加中央政府的負擔，無法有效發揮市場機制和法律制度的效力。隨著市場機制的不斷完善和法律制度環境的優化，實行行政控制型債務管理模式的國家逐漸尋求向制度約束型等模式轉變的路徑。

（二）日本的地方政府債務管理機制

日本對地方政府性債務風險的防控集中體現在對地方債發行和使用的嚴格管理上。為有效落實地方政府債務的事前管理，日本法律允許地方政府通過債務融資籌集資金，並明確規定了地方政府債務的發行主體。此外，日本對地方政府性債務風險的事前管理措施還包括設立專門的債務管理機構、中央政府嚴格管理地方政府的發債計劃、對地方債發行實行協議審批制度和嚴格限制地方政府債務用途等。

為加強地方政府債務的管理，日本設立了專門的債務管理機構——財務省和總務省。財務省主要負責中央政府對地方政府債務舉借計劃的制訂；總務省負責制訂地方政府債務計劃，負責政府債務的日常管理。日本要求地方政府堅持平衡預算的原則，通過精細化預算管理制度來控制發債規模。日本的中央政府在每一個財政年度都需要編製地方債務發行計劃——主要由大藏大臣和自治大臣協商制定，內容涵蓋債務發行規模、方式以及具體用途等，並提交國會備案，國會並不對該計劃進行審議，只是作為自治大臣審批的參考資料。自治大臣根據全國的投融資計劃、地方財政狀況以及各地區經濟發展計劃，審批各級政府上報的公債發行計劃，防止地方政府債務的非理性膨脹，合理分配資金。

雖然法律賦予了日本地方政府直接舉債的權利，但是地方政府考慮到將發行計劃報批中央政府不僅可以獲得優惠借款，而且在確定地方政府轉移支付時中央政府將考慮償債因素，大多數地方政府仍會選擇報中央政府審批。

此外，日本在地方債務資金的具體用途上做了明確限制，主要集中在資本性支出或其他領域，比如建設性的交通、道路、公共基礎設施建設以及地方企業的投融資等。

事中管理方面，日本地方政府構建了地方政府性債務風險預警機制。日本規定，地方政府新增債務率不得超過9%，同時限制債務依存度超過

20%的地方政府發行基礎設施建設債券。早期的風險預警主要基於四項財政指標，包括實際赤字率、綜合實際赤字率、實際償債率和債務負擔率。

為應對地方政府債務衝擊，日本通過設立準備金和設定財政重組計劃等方式落實事後處理。日本構建了償債準備金制度，該項資金主要來源於稅收收入，提取金額為每年債務餘額的1/3。日本政府不允許地方政府破產，因此無論地方政府的財政狀況如何，都必須償付到期的地方政府債務。如果地方政府償債出現困難時，中央政府會要求地方政府設定財政重組計劃，地方政府嚴格落實重組計劃的相關措施。當日本地方政府面臨的債務危機較嚴重時，日本中央政府會直接干預地方政府預算，剝奪地方政府自治權。

（三）法國的地方政府債務管理機制

雖然法國有嚴格的中央集權制，地方政府始終處於中央政府的監控之下，但各級財政之間不存在隸屬關係，財權與事權明晰，這為防範地方政府債務風險打下了良好的體制基礎。自1982年法國政治體制改革後，中央政府就將地方政府發債權力下放給省級政府。

就事前防範層面來看，法國明確規定地方政府債務的資金用途，並作出中央政府不救助的承諾。地方政府通過發行政府債券獲得的資金只能用於地方公共工程建設，不得用於彌補政府經常性預算缺口。而通常地方政府發行的債券都以政府資產為擔保，由地方財政償還，中央政府不承擔賠償責任。法國還設立了債務管理中心，作為地方政府債務的管理機構。此外，法國要求政府債務納入預算管理，地方政府性債務的舉借、償還等嚴格按照預算執行，地方政府發布的預算報告中需要附錄地方政府性債務信息。

事中管理主要體現在對地方政府的監管。就債務監督情況來看，儘管地方政府發行債券可以自主決策，無需中央政府以審批方式直接干預，但其舉債行為仍然受到中央政府的嚴密監控。例如，法國在財政部國庫司下設立了債務管理中心，主要負責監管各級地方政府資產負債狀況。此外，銀行等其他金融機構也負有間接監控的責任。

依託於發達的信息技術支持，法國的信息披露主要借助網上信息系

統，定期發布預算執行情況和預算資金使用情況。

事後處理主要體現在對償債資金來源的規定和無力償還的處理。償債資金主要來源於稅收，還有一小部分來自中央對地方的各種財政補貼，或者發行新的債券，以債償債。當地方政府無法償還債務時，中央政府會選擇性地干預，原來的地方政府解散，存在的債務暫時由中央政府代為償還。當新的地方政府組建後，可以通過制訂新的財政計劃，如增稅、向銀行借款、發行債券等，逐步償還之前中央政府墊付的資金。這種獨特的政策安排加強了地方政府的自律性，減少了地方政府由於過度發行債券造成地方財政破產的情況。

五、國外地方政府性債務風險防控經驗的啟示

通過梳理加拿大、澳大利亞、美國、德國、日本和法國的地方政府性債務風險防控機制可以看出，市場約束型、共同協商型、制度約束型和行政控制型四類地方政府債務管理模式是各國立足本國的經濟發展特徵、金融市場環境、法律制度、政治體制等各因素設立的能夠服務於地方政府債務運行、實現地方政府債務有效管理的機制。雖然四種地方政府債務管理模式具有不同的特徵，但是在地方政府性債務管理方面仍存在著很多的共性，對建立和完善中國地方政府性債務管理體制具有重要的啟示和借鑑意義。

首先，基於法律明確了地方政府的舉債權。上述各國都通過法律形式賦予地方政府舉債主體地位，為地方政府舉借債務提供法律保障。其次，設立專門的地方政府債務管理機構。上述各國都設立了地方政府債務管理的專門機構。再次，構建了將地方政府債務納入預算的體制，並健全預算管理制度，嚴格控制債務規模和債務資金用途。最後，上述各國的信息披露機制都非常有效。

第二節　國內地方政府性債務風險的防控經驗

近年來，隨著中國經濟的快速增長，地方政府性債務開始急遽累積，成為影響中國經濟穩定和財政安全的重要隱患，制約著中國經濟的可持續發展。在 2013 年的中央經濟工作會議中，中國首次將控制和化解地方性債務風險作為經濟工作的首要任務。各省、市、區相繼出抬了相應的防控對策，以求將風險控制在可控範圍內，促進經濟的快速、健康發展。江蘇省、天津市、廣東省和廈門市的地方經濟發展較快，在地方政府性債務防控方面也取得了一定的成效。本節將總結這四個省、市的地方政府性債務風險防控經驗，以期為四川省地方政府性債務管理和風險防控提供思路與借鑑。

一、江蘇省地方政府性債務風險防控經驗

目前，中國地方政府性債務的一個重大風險是債務償還過度依賴土地收入。從現有的城市土地收儲規模來看，很多城市都超過了國家限定的指標，地方政府性債務風險被進一步放大。

針對類似問題，江蘇省積極制定了地方政府性債務的事前防範措施。

一方面，江蘇省強化土地指標管理，規定地方政府不得自行收儲出讓。根據江蘇省出抬的《關於核定土地儲備融資規模有關問題的意見》的相關規定，土地儲備機構實行名錄制管理和融資規模控制卡制度，即規定進入國家名錄的儲備機構名單上的每一個機構都有自己獨有的一張融資卡，只有通過融資卡才能辦理商業貸款。同時，江蘇省嚴格限制機構所獲融資的具體用途，必須專款專用於收儲本身，不得用於與儲備業務無關的項目或城市建設支出等。每年融資卡可融資規模由土地儲備機構本年度債務餘額限額和上年度末債務餘額綜合確定。若該機構未能及時清償有關債務，則在清償完畢前不得申領融資規模控制卡。可以看出，控制融資卡能有效遏制地方政府不斷突破土地利用指標的境況，嚴格控

制土地儲備總規模和融資總額，有利於防止超規模融資和促進融資的有序化，從而將土地儲備融資限定在地方政府性債務的合理和可控範圍內，防範債務風險。

另一方面，江蘇省在預算管理上實行嚴格的舉債預算計劃和審批管理制度。各行政機關、事業單位舉借債務須同時報備同級領導小組辦公室和同級政府審批；對土地儲備機構申請貸款的，除提供融資規模控制卡外，還要從下至上，經同級人民政府審核後，依次上報至省財政廳審核；對於以 BT 方式舉借政府性債務的行為，須更加規範化，除符合法律和國務院規定、確需採取 BT 方式且有明確可行的資金償還計劃的公共租賃住房、公路等項目外，地方各級政府一律不得以 BT 方式舉借政府性債務。

事中管理主要體現為風險預警機制。江蘇省政府要求，每一年都要對上一年度的各級政府性債務風險進行核算，看其是否超過警戒線。對於未超過風險警戒線的地區，下一年度的債務增加幅度不得超過生產總值的增加幅度；對於超過風險警戒線的地區，除了進行風險提示外，還責令其制定債務風險化解方案，採取措施盡快將風險降低到警戒線內，並且原則上不得增加其債務餘額。

事後處理主要體現為對政府違規舉債的懲處措施。江蘇省實行主要領導負責制，即各市、區人民政府的主要領導為當地政府性債務的第一負責人，一旦出現舉債違反規定的情況，比如違法、違規融資，未通過規定程序舉債，債務數據失實，所獲融資資金未用於特定用途等，按照承擔責任的主次順序，依次追究相應領導的責任。

此外，參照美國和日本的經驗，江蘇省還建立了償債準備金制度，以備應對突發的債務風險，償債準備金統一交由財政專戶管理，實行專款專用、專帳核算。

二、天津市地方政府性債務風險防控經驗

天津市出抬了多項包括《天津市投融資企業發展和風險防範管理辦法》《天津市政府債務管理暫行辦法》《天津市特定目的公司財務管理暫

行辦法》以及《天津市特定目的公司投資項目管理暫行辦法》等在內的政府債務管理辦法，以切實落實事前防範、事中管理和事後處理的相關措施，建立了地方政府性債務風險防控的制度機制。

事前防範主要集中在規範舉借程序方面。天津市限定了政府舉借債務的具體用途，並在債務融資前要求政府從項目成本、收益、是否具有償還能力三個方面綜合考慮舉債行為。融資平臺公司和行政事業單位須分別履行相應的政府性債務審批程序，分別向同級財政部門和主管部門提出申請舉債的要求，在舉債申請審核通過後還要經常務會審定債務類別和規模，審定完成後再由財政部下達批復文件。

事中管理主要表現為建立健全預警機制和強化審計監督等方面。預警機制方面，天津市以政府債務負債率、債務率、償債率和特定目的公司資產負債率為債務風險控制指標，規定其警戒線分別為10%、100%、15%和70%。天津市財政部門即時監測這些指標的變化情況，若超過警戒線，就需引起注意，分析造成原因，並制訂解決方案，使其盡快降到警戒線之下。此外，財政部門還需每年對這些指標數據背後的含義進行分析，比如政府性債務增長了，增長部分是由哪些方面構成的，並匯總統計政府性債務的餘額、逾期債務的情況，加強對各債務的管理和控制。審計監督方面，為保證政府資金的安全、高效運行，對於一些諸如污水處理、路橋建設等特定的地方債項目需要進行專項審計，仔細檢查項目實施過程中的各個環節。

事後處理主要是建立償還機制。為了降低債務違約風險，天津市建立了一套完整的債務償還機制，將償還責任層層落實，確定項目單位為所承擔債務的最終償還人，各級行政主管部門為連帶償還責任人。為了應對突發性的償債困難，各級政府設立了償債準備金制度，以各年度需要償還的債務規模為依據，鼓勵各部門以多種形式籌措償債準備金，償債準備金也實行專戶核算、專款專用。如果某單位無法按時償還借款，財政部門擁有通過法律規定的方式彌補債務的權利，比如扣減原有的轉移支付資金或財政撥款。

三、廣東省地方政府性債務風險防控經驗

針對政府性債務較快增長的勢頭未能得到有效遏制的情況，廣東省通過多種方式，嚴格控制地方政府新增債務，加大防範地方政府性債務風險的力度。

廣東省的事前防範措施多樣化。首先，規範舉債計劃管理，嚴禁各級地方政府違規舉債以及不得與各類銀行業金融機構簽訂新的打捆貸款協議或投信合作協議，以財政擔保舉債的，必須符合有關法律規定。其次，控制舉債規模，當地方政府該年的債務餘額已經達到或超過政府綜合財力或預算內財力，禁止直接或通過其他任何方式間接舉債。再次，對政府債務實行收支計劃管理，債務收支嚴格按計劃執行，不得隨意變更，並且按照規定期限向本級或上級財務部門報告計劃執行情況。最後，在監察、審計等部門的監督和指導下，努力敦促地方債務的規範化、制度化管理。

事中管理主要體現在構建地方政府性債務風險預警機制和日常管理方面。對於隱含的債務風險，各地級以上市政府建立了地方政府性債務風險預警機制，制定監控指標體系，在與各金融監管機構合作的情況下，密切跟蹤監控債務情況，一旦出現風險預警，及時採取措施，妥善化解風險。此外，廣東省為做好地方政府性債務的日常管理，將各級政府政績考評與債務管理聯繫在一起，建立債務管理目標責任制，將管理目標分為債務規模、新增債務、債務償還額、資金使用績效四個方面，並分別對其進行跟蹤考核。廣東省不僅將考核結果作為給予財政扶持政策的參考依據，同時作為考核主要領導的政績指標。對於有效控制新增債務、減少舊債的領導幹部，採取鼓勵表揚的政策；對於過度舉債甚至違規舉債者，採取批評的態度，特別嚴重的還要依法嚴懲。

事後處理主要體現在對堆積債務的處理上。對於之前堆積的政府債務，各級地方政府通過核實借貸時間、數額、利率、還款情況等債權債務關係，明確政府性債務並進行登記造冊。同時，地方政府通過廣東省的政府債務管理系統不斷更新債務核算情況，以便及時、準確地將地方

政府性債務清理情況報告省財政廳。根據化解舊債的長效機制，廣東省按照「誰借債、誰受益、誰償還、誰承擔風險」的原則，建立了償債機制，明確各級政府是當地的償債主體，可以通過多種方式償還或抵消舊債，比如資產變現、債務重組、核銷減債、財政撥款等，通過減少舊債來降低政府債務率，從而降低政府性債務的潛在風險。對於未努力落實舊債償還措施的，嚴禁其再舉借新債。

四、廈門市地方政府性債務風險防控經驗

廈門市自 2013 年 8 月起實施《廈門市政府性債務管理暫行辦法》（以下簡稱《辦法》），出抬多項措施加強政府性債務管理，防範和化解政府性債務風險。

事前防範方面的措施主要是計劃編製與批准方面。《辦法》規定，對以下四種情形下的政府舉債行為予以禁止：第一，政府性債務償還資金來源和責任主體沒有落實的。缺乏責任主體，則意味著無法提供償債資金，或者當債務出現違約導致無法償還資金，或者將資金用於非法用途上時沒有人為損失買單。這都將大大提高壞帳損失，嚴重時甚至引發地方政府性債務危機。第二，舉借的政府性債務用於國家明令禁止項目的。違反國家法律法規的發債行為將會對社會和經濟造成損害，應明令禁止。第三，超過財政承受能力的。一旦政府的舉債行為超過了當地政府財政的承受能力，即意味著從項目的成本與收益來看，政府的償還能力有限或項目過大，政府無法為其提供相應的擔保。如果還款出現問題，政府不能以其固有資產支撐，將會加大政府性債務風險。第四，國家規定的不予批准舉借政府性債務的其他情形。

事中管理措施主要是構建債務監測預警機制。針對可能存在的債務性風險隱患，並將其控制在合理範圍內，廈門市財政局建立了政府性債務監測預警機制，新推出了五項指標，對市、區兩級政府性債務風險進行即時預警監測。這五項指標包括債務率、新增債務率、債務依存度、償債率和逾期債務率，它們從不同的角度反應了債務的健康狀況。每項檢測指標都設置了安全區和警示區參考指標，當本期有超過四項（包括

四項在內）的風險指標都在安全區時，則說明地方政府性債務風險處於可以控制的狀態之下；若本期有三項風險指標在安全區，兩項風險指標在警示區時，則說明地方政府性債務風險存在安全隱患；若本期有三項及以上風險指標處於警示區了，則說明地方政府性債務風險已然出現，需要引起重視。一般情況下，每半年市財政局相關部門都將對市、區兩級政府性債務風險進行統一評估，並以此為參考，決定下一次地方政府性債務的監控強度。對於出現安全隱患的債務風險評估結果，各級財政部門應當及時制訂相應的風險防範方案，穩定下一期債務餘額，做到至少沒有淨增加；對於已出現債務風險的評估結果，相關部門應當將所有的新增貸款暫停，並盡可能地採取措施降低債務規模。

第七章　地方政府性債務風險的防控策略

　　四川省地方政府性債務的現狀和風險評估結果顯示，四川省地方政府性債務的風險總體可控，並且在中國相繼出抬了地方政府性債務規範措施後，地方政府性債務風險有所緩解。然而，地方政府仍然存在債務風險隱患，一旦爆發風險會削弱政府公信力、影響地方經濟及宏觀經濟運行、損害投資者利益。因此，在債務風險尚未暴露之前，如何構建成熟、有效的地方政府性債務風險防控機制是急需解決的問題。結合國外風險防控經驗，地方政府性債務風險防控需要從「疏」與「堵」兩個方面著手：一是控制債務增量，推進地方政府融資模式創新，探索非債務融資模式；二是消化債務存量，優化地方政府性債務風險防控體系。

第一節　地方政府融資模式創新

　　四川省地方政府性債務投向顯示，四川省地方政府性債務主要投資於基礎設施建設和市政建設等公益性項目。這些項目建設的資金需求量較大、建設週期和投資回收期較長，導致地方政府的財政收入與財政支出失衡，對地方政府造成了較重的融資壓力。這些資金缺口如果依賴於地方政府性債務融資渠道獲取，就會形成較高的地方政府性債務負擔，會誘發債務風險。因此，推進地方政府融資模式創新、探尋非債務融資

方式，是緩解地方政府性債務壓力、化解地方政府性債務風險的有效途徑之一。

隨著中國金融深化程度的加深，金融創新不斷湧現，出現了多樣化的融資模式。公私合營模式和資產證券化就是創新性的融資方式，這兩種方式自身的特徵和運行模式能夠適應基礎設施建設的資金需要，對緩解地方政府資金缺口、化解債務風險具有深遠的意義。

一、公私合營模式

公共物品的非排他性和非競爭性，決定了公共物品需要由政府提供。然而，公共提供並不等同於公共生產。除了那些需要政府生產和提供的公共物品以外，大多數的公共物品生產都涉及私人部門的參與。國內外的實踐表明，如基礎設施建設項目和市政建設項目等公共物品通過混合生產的方式進行提供更有效率。公共物品混合生產方式中存在的政府部門和私人部門的結合方式就形成了公私合營模式。隨著新修訂的《中華人民共和國預算法》的生效和一系列部門規章的出抬，地方政府在公共物品領域積極引入社會資本，緩解了基礎設施建設資金匱乏和公共物品建設效率低等問題。

（一）公私合營模式的含義

國際組織和一些國家都對公私合營（PPP）模式的含義進行了界定，從不同角度闡述了公私合營模式的內涵。聯合國（The National Council, 2002）認為，公私合營模式是由政府、營利性組織和非營利性組織三個合作方因某個建設項目達成協議而形成的合作關係，合作方因各自承擔的責任而獲得收益、承擔風險。世界銀行（The World Bank, 2012）指出，公私合營模式是政府機構與社會組織因合作提供公共物品等建立的長期合作關係，政府機構將項目的主要責任交付給社會組織，社會組織在合作中承擔較多的風險。中國國家發展和改革委員會（2014）表示，公私合營模式是基於公共物品的建設，政府通過特許經營、股權合作等方式與社會資本形成的合作關係，政府與社會資本共同分享收益、承擔風險，該方式有助於提高公共物品的供給能力，提升供給效率。

綜上所述，公私合營模式是指政府與社會資本因基礎設施建設項目等達成合作協議，並引入市場競爭和激勵約束機制所形成的收益和風險共擔的長期合作關係。

(二) 公私合營模式在地方政府融資中的應用

2014年9月，財政部發布的《關於推廣運用政府和社會資本合作模式有關問題的通知》明確指出，要積極推廣運用公私合營模式。2014年10月，國務院出抬的《關於加強地方政府性債務管理的意見》肯定了公私合營模式在化解地方政府性債務風險中的積極作用，要求拓寬地方政府融資渠道，化解地方政府性債務風險。財政部發布的《政府和社會資本合作模式操作指南（試行）》為公私合營模式在地方政府融資中的應用提供了規範和指引。

在公私合營模式中，政府和私人組織根據效率原則承擔責任、分擔風險。政府將合作項目中的建設、融資、營運和技術等專業性的環節轉移給私人部門，而政府則主要承擔不可抗力、政策法規等系統性風險。公私合營模式能夠化解地方政府性債務風險，主要體現為以下四個方面的優勢：

1. 緩解地方政府債務融資壓力

目前，四川省地方政府性債務存在著債務規模高和融資渠道較集中等問題，對地方政府形成較重的債務壓力。與地方政府相比，私人組織進行融資的限制相對較少，可以選擇多樣化的融資渠道和融資方式。公私合營模式中，社會資本參與基礎設施建設，並將項目融資環節交付私人組織負責，能夠緩解地方政府基礎設施建設的融資壓力。

2. 提高基礎設施建設的效率

與地方政府相比，私人組織在項目建設方面擁有先進的管理經驗和生產技術，能夠較好地推動基礎設施等項目建設，有利於項目資金的合理配置和使用，並保障項目資金的及時回流，提高了基礎設施的投資效率。

3. 制約地方政府的非理性行為

在信息不對稱的情況下，個別作為代理人的地方政府可能會背離

中央政府（或社會居民）的意願，在個人利益的驅使下，大肆舉債以創造 GDP 業績或利用手中權力獲取不正當利益。公私合營模式能夠將市場機制引入公共領域，制約地方政府的非理性行為，從而緩解地方政府性債務風險。

4. 分擔地方政府性債務風險

地方政府將基礎設施建設項目的建設、融資、營運和維護等權利交付給私人部門，私人部門可以獲得相應的收益同時承擔相應的風險，地方政府則僅承擔不可抗力或政策法規等系統性風險，從而實現地方政府與社會資本間收益與風險的共擔。同時，在公私合營模式下，地方政府和私人部門相互監督，能夠降低風險。

（三）推廣公私合營模式應用的措施

1. 加快公私合營模式法律制度建設

推廣公私合營模式在地方政府融資中的應用，需要完善的法律制度作為保障。目前，中國已經相繼出抬了《PPP 項目合作指南（試行）》和《政府和社會資本合作模式操作指南（試行）》等政策法規，但這些都屬於部門規章，還未出抬國家級的法律文件。現有的制度規章在一定程度上為公私合營模式的運行提供了指引，但是尚未形成系統的制度體系。因此，為保障公私合營模式在地方政府融資中的應用，應加快相應的法律法規建設，細化具體實施細則，規範公私合營模式的高效率運行。

2. 健全風險分擔機制

公私合營模式涉及項目的建設、營運、融資和維護等多個環節，每個環節都潛藏著風險。政府和私人部門在投資與營運中的目標存在差異：政府是追求社會福利和政績的最大化；私人部門主要按照市場機制營運，追求企業利潤的最大化。因此，在政府和私人部門的合作中應當根據兩者偏好的差異，構建合理的風險分擔機制。公私合營模式下，責任的劃分、利益的分配和風險的承擔等都應當在合作協議中明確指出，保障其在項目營運過程中的切實執行和落實。

二、資產證券化

《四川省政府性債務審計結果》顯示，截至 2013 年 6 月底，四川省

地方政府性債務資金來源集中，銀行貸款居於首位。銀行貸款的舉債主體主要是地方政府融資平臺。融資渠道集中、資金來源與投資規模不匹配等問題的客觀存在，使得地方融資平臺的資金融通量既難以滿足地方政府的資金需求，同時也給地方政府造成了沉重的債務壓力。資產證券化是化解地方政府性債務風險和拓寬融資渠道的有效途徑。

（一）資產證券化的含義

資產證券化是指將一組缺乏流動性、在可以預見的未來具有穩定現金流入特徵的資產，出售給特殊目的載體（SPV），通過對其進行結構性重組，創立一種以基礎資產未來現金流為支持的金融工具或權利憑證，經過信用增級，將該金融工具或權利憑證在資本市場上出售或變現的一種融資手段。資產證券化能夠將流動性較差的資產轉變為資本市場上可交易的證券，實現資產的變現流通。作為一種融資手段，資產證券化金融工具的本金和利息償付主要依賴於基礎資產未來穩定的現金流，與基礎資產本身的資信狀況和質量無關。

（二）資產證券化在地方政府融資中的作用

地方政府融資平臺公司大多投資於建設期較長、投資回收較慢的基礎設施建設項目，多數資產流動性較低、週轉速度較慢，導致資產的流動性較差。地方政府融資平臺公司投資的項目主要有兩種類型：第一類，在市場化機制基礎上運作的投資項目，未來具有穩定的投資收益，債務償還主要來源於項目可預期的資金流入；第二類，市場化程度較低、無法獲得足夠收益的投資項目，資金償還主要依賴於地方政府的補貼。第一類資產雖然目前流動性較差，但在未來具有可預測的、穩定的現金流，是推進資產證券化的優良資產。

對地方政府融資平臺公司資產進行證券化是要將已經投入資金的基礎設施建設項目作為基礎資產，以其未來穩定的現金收益為基礎，將基礎資產出售給特殊目的載體，經過結構性重組形成有價證券，信用增級後，面向資本市場融資。地方政府融資平臺公司資產證券化對地方政府融資的意義主要體現在如下四個方面：

1. 資產證券化有助於緩解地方政府的債務壓力

將地方政府融資平臺公司資產證券化後，能夠將地方政府融資平臺公司中流動性較差且未來具有穩定現金流的存量資產打包重組，面向資本市場再籌資。這樣既能夠避免因發行地方政府債券或向銀行申請貸款等方式而形成的新增債務，同時又能夠籌集到新的資金。因此，資產證券化在盤活地方政府融資平臺存量資產的基礎上實現籌資，有助於緩解地方政府債務壓力，化解地方政府性債務風險。

2. 資產證券化有助於提高資金的使用效率

基於基礎設施建設項目未來的穩定收益，資產證券化能夠將地方政府融資平臺公司固化在基礎設施建設項目的資金提前釋放，並將其投入新的基礎設施建設項目中，幫助其盡快回籠資金，加快投資資金的週轉速度，提高資金的使用效率。

3. 資產證券化能夠實現風險隔離

資產證券化後，作為原始權益人的地方政府融資平臺公司將基礎資產出售給特殊目的載體（SPV）。資產證券化金融工具的本金和利息償付主要依賴於基礎資產未來穩定的現金流。即使地方政府融資平臺公司財務狀況不佳甚至破產時，基於基礎資產可預期的穩定現金流，投資人仍可以獲得投資收益。因此，資產證券化可以實現證券化金融工具償付與地方政府融資平臺公司的破產相分離，充分發揮市場的監督作用，約束地方政府融資平臺公司或地方政府的非理性行為，降低地方政府性債務風險。

4. 資產證券化有助於降低融資成本

基於基礎資產可預測的穩定現金流和信用增級手段能夠提高證券化資產的信用等級，改善其在資本市場的發行條件，使得證券化後資產的票面利率低於銀行貸款利率或地方政府債券票面利率，從而降低籌資成本，緩解地方政府債務壓力。

(三) 推進資產證券化應用的措施

1. 完善相關的法律法規

2008年金融危機的爆發與房地產行業的資產證券化密切相關。資產

證券化屬於高風險的金融創新產品，潛在風險存在於證券化的各個環節。防範資產證券化風險的基礎是健全的法律法規體制。

由於中國的資產證券化起步較晚，尚未出抬專門的資產證券化法律法規。現行的《中華人民共和國證券法》《中華人民共和國公司法》等法規中還存在著制約資產證券化的條款。因此，為推進資產證券化在地方政府融資中的應用，需要完善與資產證券化相關的法律法規，提供良好的法律環境。

2. 強化監管與約束機制

資產證券化是將流動性較差的資產轉變為可以在資本市場流通的有價證券。證券化過程中涉及基礎資產的打包重組、信用增級等複雜的環節。因此，投資者對於基礎資產存在著嚴重的信息不對稱。資產證券化的「風險隔離」機制可能會導致投資者在投資中放鬆警惕、弱化風險意識，從而造成非理性的投資行為。地方政府融資平臺可能為了加快資金週轉，大肆使用資產證券化方式。

為了避免資產證券化在地方政府融資中引發風險，應當加強監管與約束機制。基礎資產情況和信用評級、增級情況必須要充分披露，為投資者提供決策依據；證券的發行申請必須通過證監會的審核和批准；基礎資產的建設和營運必須接受來自仲介機構的監督約束。

3. 規範信用評級增級

資產證券化過程中涉及信用評級和信用增級環節，即基於專業化的方法提高證券化後資產的信用等級，用以吸引投資者、增強證券的流動性、降低籌資成本。然而，信用增級環節必須嚴謹嚴格，如果過分增級、虛誇證券化資產的信用等級，會影響投資者的理性決策。因此，政府要規範信用評級和增級過程，引入合格的信用評級機構，使用先進的信用評級和增級體系，披露信用評級和增級的結果等，保障資產證券化的安全性。

第二節　地方政府性債務風險防控體系建設

防控地方政府性債務風險、建立科學化的管理體系，並不能將其孤立分裂，而是要將其融入一個大系統。這個大系統包括債務審批、債務資金籌集、運行監管、風險預警與應急處置。這五大系統分別從事前、事中和事後規範與管理地方政府債務融資，防控地方政府性債務風險。本書對這五大系統進行簡單的劃分，其中債務審批系統是地方政府性債務的事前管理體系，債務資金籌集系統、運行監管系統、風險預警系統屬於地方政府性債務管理的事中管理體系，應急處置系統是地方政府性債務風險的事後管理體系。

一、地方政府性債務風險的事前防控體系

債務審批系統屬於地方政府性債務風險的事前防控體系。地方政府性債務的審批系統主要是指地方政府提出債務申請後，對其債務申請進行審核及批復等。地方政府性債務在債務審批系統的通過與否，直接關係到地方政府是否能夠發債融資，進而關係到一系列建設等。由此可見，債務審批系統對於地方政府性債務具有關鍵性的作用。地方政府性債務的審批系統應當做好以下三點工作：

（一）加強對地方政府性債務融資項目的管理

地方政府性債務審批應盡可能地優化債務資金投向結構。債務資金投向結構優化主要體現在服務地方經濟發展和解決當地民生需求上。在此基礎上，地方政府通過債務融資獲得的資金應當用於基礎設施建設以及為公眾提供公共物品方面，而不是用於獲取更多利益方面。為優化債務資金投向結構、避免各級地方政府將債務融資的資金投資於具有高回報率的項目中，在對地方政府性債務進行審批時，一定要對其融入資金的用途進行嚴格的審查。對於地方政府的基礎設施及公益性建設項目資金融通盡量予以審核通過，而對於其他具有高收益性的項目就應當審慎

批復。與此同時，對於地方政府性債務沒有審核通過的項目，一定要對其加強監管，嚴禁其再通過其他渠道進行舉債融資。

（二）加強對地方政府性債務的預算管理

地方政府性債務的預算管理常常是被忽視的一個方面，導致地方政府性債務常常遊離於監管之外，從而導致地方政府性債務的管理難以收到成效。將地方政府性債務納入預算管理中能夠有效地降低地方政府性債務的風險。地方政府性債務的預算管理，包括對地方政府性債務的發行預算和償還預算。地方政府性債務的預算管理中，要在充分考慮現有債務存量和擬新增債務增量、結構、性質、債務未來現金流入等綜合因素的情況下，控制債務規模、優化債務結構。一方面，我們應嚴格保證地方政府性債務發行在合理的範圍之內，保障地方政府對債務資金的合理配置和有效使用；另一方面，我們應做到各期限債務的合理搭配以及債務本息償還結構與地方政府財力、項目現金流入相匹配，以保障債務到期時能夠按時足量償還，緩解地方政府的償債壓力，減少償債違約風險。

（三）健全政府債務會計制度

中國現行預算會計制度仍以收付實現製作為核算基礎，雖然能夠如實反應預算收支情況，但是難以準確計量地方政府的負債情況，無法真實全面地反應地方政府的財務運行狀況。為了更好地瞭解地方政府的債務償還能力，我們應當在政府會計中適時地引入權責發生制。

就目前中國的地方政府性債務會計系統的運行狀況來看，採用收付實現制和權責發生制雙重會計基礎更有利於地方政府性債務的管理。收付實現制主要用於對納入政府預算的財政資金的日常核算；權責發生制主要用於在期末編製會計報表，以反應地方政府權責範圍內的一切活動，使得地方政府應當承擔的責任完整地展現在財務報表中，為分析和評價地方政府的債務規模、償債能力和違約風險提供信息。

二、地方政府性債務風險的事中防控體系

（一）債務資金籌措系統

債務資金籌措系統是地方政府性債務融資的核心，也是構建地方政

府性債務風險防控體系的關鍵。目前，四川省地方政府性債務的舉債主體主要以政府部門和機構、融資平臺公司和經費補貼事業單位為主；資金主要來源於銀行貸款、BT、其他單位和個人借款等，地方政府發行債券方式籌措的資金量相對較小。因此，建立健全地方政府債務資金籌措系統十分緊迫。債務資金籌措系統主要包括融資和償還兩方面，應從以下兩個方面同時著手：

  1. 健全債務融資機制

  地方政府融資平臺公司是四川省地方政府性債務融資的主要舉債主體。目前，融資平臺公司的管理尚不規範，致使通過融資平臺公司的債務融資具有較高的風險。雖然地方政府自行發債試點不斷擴大，但是資金籌集量還非常有限。因此，健全中國當前的地方政府性債務融資機制是當務之急。首先，規範和治理融資平臺公司及其運作，在減少融資平臺公司數量的同時提高其質量，降低其對地方政府性債務的負面影響；其次，加強地方政府性債務的發行管理，做好包含發行、流通以及對政府債券評級等各個環節的工作，構建地方政府債券市場；再次，加強對地方政府融資規模的控制，加大對銀行貸款申請的審批力度，在降低債務風險的同時降低銀行系統的風險；最後，應當在控制風險的前提下，拓展債務融資渠道，分散地方政府性債務風險。

  2. 構建長效償債機制

  有效的償債機制是地方政府償債能力的重要保障，能夠降低到期無力償還債務的風險。因此，四川省應當著力構建償債長效機制，減少地方政府性債務違約風險。首先，應當瞭解地方政府性債務的存量，只有清楚地掌握現存的地方政府性債務存量等信息，才能夠制訂明確有效的償還方案；其次，根據債務的期限進行分類整理，按照償還期限的長短，對債務進行償還；最後，在資金的償還方面還應當鼓勵各級地方政府發揮其主動性、創新性，建立適合各級地方政府的償債模式，建立期限合理的長效償還機制。

  （二）債務運行監控系統

  運行監控系統涉及地方政府性債務的每一個環節，從債務申請一直

到發行後的償還，每一個環節都應當在監控之下才能夠有效避免風險的發生。債務運行的監控系統可以從以下四個方面進行管理：

1. 加強對債務資金運用的監控

涉及債務資金運行監控的主要是四個方面，即債務申請環節、資金使用環節、項目竣工結算環節以及償債環節，每一個環節都與地方政府性債務有密切的聯繫。債務申請環節要明確資金的投資方向，對於不合規定的申請不應予以批准；資金使用環節要對資金的流向進行監控，對於那些與申報不相符的資金使用要及時制止；項目竣工結算環節要對資金的合理使用進行監控，與此同時，監控項目的完工情況，保證資金的安全使用，有助於提高項目的完工質量；債務償還環節要監控地方政府性債務能否及時償還、償還金額是否在規定的範圍之內。

2. 加強地方政府性債務的信息公開

對中國地方政府性債務進行科學化管理、有效降低地方政府性債務的風險，就必須要做到地方政府性債務的信息透明公開。信息的公開，不僅僅指各級地方政府向上一級政府進行必要的匯報，還應當包括向社會公眾公開信息。倘若地方政府僅僅向上級匯報情況，往往會存在弱化風險、粉飾貢獻的現象，只有將信息向社會公眾公開才能夠進行有效的監控。地方政府的一切行為都在社會公眾的監督之下，不僅能夠約束地方政府的行為，而且能夠及早發現風險的端倪，及時補救。

3. 加強中國地方政府性債務的監督體系

對地方政府性債務進行監管的前提，就是要建立自上而下的地方政府性債務監督機構，並且由多部門共同合作對其進行監督管理。這不僅需要財政部門的監督管理，更需要預算管理部門、金融監管部門以及審計部門等的相互協作，才能夠對地方政府性債務的可持續發展提供幫助。

4. 開發債務數據應用平臺和應用分析軟件

數據應用平臺的建設應當在與地方政府性債務有關的各項信息收集完善後進行。四川省應定期審核財政部門等提供的地方政府性債務信息、償債信息、資金運用信息以及融資平臺公司信息，通過審核的信息應當及時地錄入數據庫以更新數據。數據應用平臺的建設可以加強地方政府

性債務的管理部門與其他部門的協作能力，並通過數據應用平臺進行監控。應用分析軟件是對地方政府性債務數據應用平臺的延伸應用。在數據基礎上建設配套的數據分析軟件能夠更好地分析地方政府性債務的構成、風險等因素，為地方政府性債務的管理者提供切實可行的管理措施。

對地方政府性債務進行統計、向債務數據應用平臺即時傳入更新後的數據、針對數據進行管理策略的分析，這一系列的管理措施最終能夠達到科學化的管理目的並降低風險的發生。

(三) 債務風險預警系統

危機是風險不斷累積到一定程度後發生的，預警信號通常在危機爆發前就能夠被觀察到。債務風險預警系統是基於對地方政府性債務的風險分析做出判斷，從而達到防控風險的效果。由此可見，建立行之有效的債務風險預警系統對於減少地方政府性債務風險的發生是必不可少的。地方政府性債務風險預警系統的建設應當從以下兩個方面著手：

1. 建立風險評價指標體系

對於風險預警來說，我們首先應當構建一套全面的風險評價指標，用以作為地方政府性債務危機的警戒線。國外較成熟的債務風險評價指標主要包含負債率、債務率、償債率等一系列與地方政府性債務有關的指標。中國應當根據自身的實際情況選取風險評價指標，並對每一個指標劃定一條警戒線；當該指標超過警戒線後，債務風險就應當及時引起人們的注意。在警戒線的劃定方面，不能一味追求與其他國家相一致，而是要針對中國自身的情況進行設定。

2. 建立債務風險預警機制

風險預警機制應當涵蓋從對風險信息的識別到對風險做出決策的所有過程，包括四個方面，即風險監測、風險度量、預警決策以及風險處置。風險監測主要是對地方政府性債務的風險信號進行採集並統計；風險度量主要是分析風險評價指標，進而估計地方政府性債務風險的嚴重程度；預警決策主要是根據風險程度的估計結果提出建議；風險處置是各級地方政府及各個部門採取行之有效的方法化解風險，同時上報處理結果與總結情況。只有嚴格按照上述四個步驟進行風險防控，才能建立

長效的風險預警機制。

三、地方政府性債務風險的事後防控體系

成熟有效的地方政府性債務應急處理制度是地方政府性債務風險事後防控體系的重要構成部分。

地方政府性債務籌措資金主要用於基礎設施建設和市政建設等公益性項目，加之中國是單一制政治體系，因此，「中央政府不救助」威脅的可信度較低。當地方政府面臨債務困難甚至危機時，中央政府不會放任地方政府主體資格消亡，都會出手相助。因此，破產清算程序對於中國地方政府不適用，有條件的救助可能更適合中國的現狀。

基於目前中國的國情和四川省的經濟現狀，可以考慮以下三類債務應急處理制度：一是要求出借人分擔違約成本。這種做法可以緩解地方政府的債務負擔，同時減少商業銀行等出借人貸款審核不審慎等道德風險。二是適度地進行財政調整，通過削減不必要的財政開支，或者增加稅收和發行債券的方式籌集資金，使調整後的財政支出與財政收入趨於一致。三是採取債務置換方式。地方政府發行置換債券，通過借新還舊的方式，優化債務到期結構，解決債務期限結構錯配、到期債務集中等問題，緩解地方政府的償債壓力。

第三節　地方政府性債務風險防控的配套制度建設

任何事物都應當與外界環境息息相關，因此若想要將地方政府性債務進行科學化的管理、加強地方政府性債務的風險防控，就應當改善其所處的外部環境，為其健康發展創造良好的氛圍。我們可以從如下三個方面優化地方政府性債務風險防控體系的外部環境。

一、完善債務風險管理體制

關於地方政府性債務的風險管理體制，主要是通過立法的形式進行

確立。而在地方政府性債務的科學化管理進程中，地方政府性債務的管理體制是必不可少的。因此，地方政府性債務的有效管理應當從債務風險的管理體制入手，而債務風險管理體制則應當從立法入手進行有效管理。關於立法方面，主要有以下三個方面需要改進：

（一）細化《中華人民共和國預算法》

根據《關於加強地方政府性債務管理的意見》（國發〔2014〕43號）的要求，地方政府債務要納入全口徑預算管理。因此，《中華人民共和國預算法》對中國地方政府性債務的管理有至關重要的作用。2014年8月，《中華人民共和國預算法》進行了修訂，允許省、自治區和直轄市政府通過發行地方政府性債券的方式舉借債務，對地方政府債務實行限額管理。

修訂後的《中華人民共和國預算法》對於規範中國地方政府債務管理、防控地方政府性債務風險具有深遠的意義。然而，修訂後的《中華人民共和國預算法》在債務管理方面還存在不足。例如，在餘額管理制度中僅考慮了預算內的債務，並未納入廣義的政府性債務；對於地方政府違反《中華人民共和國預算法》的舉債行為的法律責任不明確（陳志勇和莊志強，2017）。因此，中國應加快出抬《中華人民共和國預算法》的實施細則，為地方政府債務預算管理提供細緻的法律依據。

（二）修訂《中華人民共和國擔保法》

中國地方政府需要的資金大部分來自地方政府融資平臺公司舉債融入的資金。融資平臺公司之所以能夠融入資金，離不開地方政府的擔保，這可能會造成地方政府想要獲得足夠的資金就不規範自身的擔保行為，不論什麼信用等級的債務都進行擔保。這不僅降低了地方政府的信譽，而且增加了債務償還的風險。因此，當務之急應當對《中華人民共和國擔保法》進行修訂，規範中國地方政府的行為，尤其是地方政府的擔保行為。明確的法律規定是規範中國地方政府性債務發展的基礎和保障。

（三）制定地方政府性債務的法律

要想對中國地方政府性債務進行科學化的管理，就應當先從法律上進行規範，因此制定一部專門的關於地方政府性債務的法律是十分必要的。再加上中國地方政府的事權與財權不匹配，地方政府為了獲得足夠

的資金支持基礎設施建設、促進經濟的增長，地方政府性債務迅猛發展。快速增長的地方政府性債務必定會引發一系列的問題，而中國卻缺乏相關法律約束，導致地方政府性債務發展不規範。綜上所述，制定一部專門針對地方政府性債務的法律，不僅能夠賦予地方政府一定的權利，而且還能規範地方政府的行為、降低地方政府性債務風險發生的可能性，使地方政府性債務的管理有法可依、更具科學性。

二、健全地方財力保障機制

近些年，四川省以及全國其他地區的地方政府性債務規模呈現快速發展的態勢，這主要歸因於1994年的分稅制改革。分稅制改革使得中國地方政府的事權與財權不匹配，財權很大一部分都上繳給中央政府，但是地方政府的事權卻越來越多。因此，若想要對中國地方政府性債務進行科學化的管理、降低地方政府性債務的風險，就必須進一步深化中國的財稅體制改革，健全地方政府財力保障機制，讓地方政府擁有更多的財力。

（一）在財權方面，中央政府與地方政府應當保持適當的分配比例。

中央政府財政收入增加雖然能夠加大宏觀調控的力度，但是也會縮減地方政府的財政收入，極易引發地方政府債務的猛增。因此，若想要健全地方政府的財力保障機制，就必須合理分配中央政府與地方政府之間的稅種，將應該歸地方政府的財政收入交給地方政府，增加地方政府財政收入，進而降低地方政府融資需求。

（二）在事權方面，不應當讓地方政府承擔超過其自身承受能力的管理責任

中國應明確規定地方政府應當承擔的責任，厘清地方政府與中央政府之間的界限，防止出現責任承擔空白的現象。關於宏觀方面的事物應當由中央政府來承擔，而地方區域內的事情則由地方政府來承擔。與此同時，中央政府與地方政府之間也應當相互配合，在跨地區的公共服務提供方面相互合作，共同承擔。

（三）在轉移支付方面，提高轉移支付資金的使用效率

分稅制改革的目的之一是對中央政府籌集的資金進行統一的分配，但是中國的財政轉移支付力度並不夠，使得地方政府的資金無法滿足自身的支出需求。因此，中國應當加大對地方政府的資金轉移支付，使得分稅制真正發揮作用。與此同時，中國應當將更多的專項轉移支付變為一般的轉移支付，使得轉移至地方政府的資金具有更多的用途。

三、完善官員考核問責機制

（一）改進官員晉升考核機制

較為片面的官員晉升考核機制是推動地方政府性債務規模迅速擴張的因素。地方政府官員為了高的經濟增長數字，加速了地方政府性債務融資促進經濟增長的步伐，同時也誘發了風險。因此，建立科學化的地方政府債務管理體系，就必須改進政府官員的政績考核機制。第一，應當明確地方政府的職能。地方政府應當本著「以人為本」和「為人民服務」的原則，而不是大肆舉債提高經濟水準，做出所謂的業績。同時，舉債融入的資金應當用於基礎設施建設以及提供公共服務方面，而不能用於利潤極高的行業。第二，對於政府官員政績的考核不僅僅只參考當地經濟發展情況，在經濟增長的同時應當保護環境、以人為本，做到可持續的發展；另外，應將地方政府性債務風險納入官員晉升考核體系中。

（二）建立債務責任問責機制

對於地方政府性債務風險的防控，僅僅依賴於債務風險防控機制是遠遠不夠的，還應當建立債務責任問責機制，明確責任劃分、落實到人，才能夠有效地防控地方政府性債務風險。第一，明確各級地方政府的管理責任，根據不同層級、不同對象的職責明晰具體責任範圍。第二，對於出現問題的地方政府性債務，應當嚴肅處理相關部門，並對其相關人員追究法律責任。第三，實行責任人「終身負責制」，規範地方政府債務舉借和管理行為，約束地方政府官員的短期行為。

參考文獻

[1] ALESINA, ALBERTO, TABELLINI, et al. Positive and Normative Theories of Public Debt and Inflation in Historical Perspective [J]. European Economic Review, 1992, 36 (3): 337-344.

[2] ARIN K P, VIERA C, EBERHARD F, et al. Why Are Corrupt Countries Less Successful in Consolidating Their Budgets [J]. Journal of Public Economics, 2011, 95 (8): 521-530.

[3] BAHL, ROY W, WILLIAM D DUNCOMBE. State and Local Debt Burdens in the 1980s: A Study in Contrast [J]. Public Administration Review, 1993, 53 (1): 31-49

[4] BARRO R J. Are Government Bonds Net Wealth? [J]. Journal of Political Economy, 1974 (84): 343-350.

[5] BESLEY, STEPHEN COATE. Elected Versus Appointed Regulators: Theory and Evidence [J]. Journal of the European Economic Association, 2003, 1 (5): 11176-12051.

[6] DEMELLO R. Fiscal Decentralization and Intergovernmental Fiscal Relations: A Cross-Country Analysis [J]. World Development, 2000, 8 (2): 365-380.

[7] EHTISHAM AHMAD, MARIA ALBINO-WAR, RAIV SINGH. Subnational Public Financial Management: Institutions and Macroeconomic Considerations [M]. Handbook of Fiscal Federalism, 2006.

[8] FENDER. Local Public Finance in Europe: Balancing the Budget and Controlling Debt [J]. Local Government Studies, 2002, 28 (4): 127-129.

[9] FUJIKI H, UCHIDA H. Inflation Target and Debt Management of Local Government Bonds [J]. Japan and the World Economy, 2011, 3 (3): 178-189.

[10] GUO GANG. China's Local Political Budget Cycles [J]. American Journal of Political Science, 2009, 53 (3): 621-632.

[11] HAYEK FRIEDRICH A. The Use of Knowledge in Society [J]. The American Economist, 1945, 35 (9): 519-530.

[12] KROL, ROBERT. A Survey of the Impact of Budget Rules on State Taxation, Spending, and Debt [J]. CATO Journal, 1997, 16(3): 295-308.

[13] LEIGLAND. Accelerating Municipal Bond Market Development in Emerging Economies: An Assessment of Strategies and Progress [J]. Public Budgeting & Finance, 1997, 17 (6): 57-59.

[14] OATES W E. Searching for Leviathan: An Empirical Study [J]. American Economic Rview, 1985, 4 (75): 748-757.

[15] PANIZZA U. Is Domestic Debt the Answer to Debt Crises? [J]. Columbia University Academic Commons, 2008 (1): 3-4.

[16] PRADHAN H K. Local Government Finance and Bond Market Financing: India [R]. Asia Development Bank Report, 2002.

[17] RICHARD W TRESCH. State Governments and the Welfare System: An Econometric Analysis [J]. Southern Economic Journal, 1975, 42 (17): 33-43.

[18] RICHARD ABEL MUSGRAVE. The Theory of Public Finance—A Study in Public Economy [M]. New York: McGraw-Hill Press, 1959.

[19] RODDEN JONATHAN, ESKELAND GUNNAR S, LITVACK JENNIE, et al. Book Reviews- Fiscal Decentralization and the Challenge of Hard Budget Constraints [J]. Journal of Economic Literature, 2005, 43 (1): 166-167.

［20］TERESA,TER-MINASSIAN, GRAIG JON. Control of Subnational Government Borrowing［R］. Fiscal Federalism in Theory and Practice IMF, 1997.

［21］TIEBOUT. A Pure Theory of Local Expenditures［J］. Journal of Political Economy, 1956, 54（5）：416-424.

［22］WALLACE E OATES. Fiscal Federalism［M］. New York：Harcourt Brace Jovanovich Press, 1972.

［23］財政部財政科學研究所研究生部. 美日加澳四國地方政府債務管理做法對中國的啟示［J］. 經濟研究參考, 2012（55）：83-88.

［24］曹飛. 土地財政本質、形成機理與轉型之路［J］. 社會科學, 2013（1）：67-72.

［25］陳本鳳. 鄉鎮債務的制度成因及其化解［J］. 農村經濟, 2006（1）：122-124.

［26］陳共. 財稅大辭海［M］. 北京：改革出版社, 1999.

［27］陳共榮, 萬平, 方舟. 中美地方政府債務風險量化比較研究［J］. 會計研究, 2016（7）：74-80.

［28］陳菁, 李建發. 財政分權、晉升激勵與地方政府債務融資行為——基於城投債視角的省級面板經驗證據［J］. 會計研究, 2015（1）：61-67.

［29］陳元. 開發性金融與中國城市化發展［J］. 經濟研究, 2010（7）：4-14.

［30］陳志斌, 潘俊. 基於國家治理的政府會計概念框架演進及其引導效應［J］. 會計與經濟研究, 2015（1）：3-13.

［31］陳志勇, 陳思霞. 制度環境、地方政府投資衝動與財政預算軟約束［J］. 經濟研究, 2014（3）：76-87.

［32］陳志勇, 莊佳強, 等. 地方政府性債務管理與風險防範研究［M］. 北京：經濟科學出版社, 2017.

［33］封北麟. 地方政府投融資平臺的財政風險研究［J］. 金融與經濟, 2010（2）：4-7.

［34］高玲珍，王露露．地方政府債務治理PPP模式研究［J］．經貿實踐，2015（8）：30-31．

［35］龔強，王俊，賈坤．財政分權視角下的地方政府債務研究：一個綜述［J］．經濟研究，2011（7）：144-156．

［36］韓立岩，牟暉，王哲兵．市政債券的風險識別與控制策略［J］．管理世界，2005（3）：58-66．

［37］何楊，滿燕雲．地方政府債務融資的風險控制：基於土地財政視角的分析［J］．財貿經濟，2012（5）：45-50．

［38］胡援成，張文君．地方政府債務擴張與銀行信貸風險［J］．財經論叢，2012（3）：59-65．

［39］黃國橋，徐永勝．地方政府性債務風險的傳導機制與生成機理分析［J］．財政研究，2011（9）：2-5．

［40］黃瑞峰．中國地方政府債務風險的防範與化解［J］．金融縱橫，2011（8）：15-17．

［41］賈康，劉微．「土地財政」：分析及出路——在深化財稅改革中構建合理、規範、可持續的地方「土地生財」機制［J］．財政研究，2012（1）：2-9．

［42］賈康，劉微，張立承，等．中國地方政府債務風險和對策［J］．經濟研究參考，2010（14）：2-28．

［43］賈康，孟豔．運用長期建設國債資金規範和創新地方融資平臺的可行思路探討［J］．理論前沿，2009（8）：9-11．

［44］賈康，張鵬，程瑜．60年來中國財政發展歷程與若干重要節點［J］．改革，2009（10）：14-34．

［45］姜子葉，胡育蓉．財政分權、預算軟約束與地方政府債務［J］．金融研究，2016（2）：198-206．

［46］考燕鳴，王淑梅，馬靜婷．地方政府債務績效考核指標體系構建及評價模型研究［J］．當代財經，2009（7）：34-38．

［47］李經緯．經濟社會學中的地方政府債務風險問題［D］．上海：復旦大學，2012．

[48] 李俊生，喬寶雲，劉樂崢.明晰政府間事權劃分 構建現代化政府治理體系 [J].中央財經大學學報，2014（3）：3-10.

[49] 李凱.研究建立地方政府債務市場 [J].中國金融，2013（2）：89-90.

[50] 李茂媛.地方政府債務風險的本源探究及防範對策 [J].江西社會科學，2012（3）：44-48.

[51] 李尚蒲，鄭仲輝，羅必良.資源基礎、預算軟約束與地方政府債務 [J].當代財經，2015（10）：28-38.

[52] 李曉莉，楊建平.歐債危機對加強地方政府債務風險管理的啟示 [J].金融理論與教學，2013（1）：26-27.

[53] 劉梅.PPP 模式與地方政府債務治理 [J].西南民族大學學報（人文社會科學版），2015（12）：142-146.

[54] 劉俏.讓市場為中國地方債定價 [N].金融時報，2014-11-20.

[55] 劉尚希.財政分權改革：「轄區財政」[J].中國改革，2009（6）：74-75.

[56] 劉聖慶.地方政府債務管理的國際經驗及啟示 [J].金融縱橫，2016（4）：71-77.

[57] 劉文琦，何宜慶.系統動力學視角下地方政府債務風險研究——基於中國地區面板數據的仿真 [J].江西財經大學學報，2017（3）：3-12.

[58] 劉婭，干勝道，鄧同鈺.地方政府投融資平臺債務風險評價體系研究——基於成都工業投資集團的案例研究 [J].財政研究，2014（11）：18-22.

[59] 劉煜輝.高度關注地方投融資平臺的「宏觀風險」[J].中國金融，2010（5）：64.

[60] 劉煜輝，沈可挺.中國地方政府公共資本融資：問題、挑戰與對策——基於地方政府融資平臺債務狀況的分析 [J].金融評論，2011（3）：1-18.

［61］劉煜輝，張櫸成. 中國地方政府融資平臺分析［J］. 銀行家，2010（6）：48-52.

［62］陸長平，胡俊. 績考核與地方政府債務關係研究——基於中部省際面板數據分析［J］. 江西財經大學學報，2015（6）：34-42.

［63］盧洪友，袁光平. 土地財政根源：「競爭衝動」還是「無奈之舉」？——來自中國地市的經驗證據［J］. 經濟社會體制比較，2011（1）：88-98.

［64］呂健. 政績競賽、經濟轉型與地方政府債務增長［J］. 中國軟科學，2014（8）：17-28.

［65］馬德功，馬敏捷. 地方政府債務風險防控機制實證分析——基於KMV模型對四川省地方債風險評估［J］. 西南民族大學學報（人文社會科學版），2015（2）：139-144.

［66］馬昊，周孟亮. 中國縣級財政支出制度改革初探［J］. 會計之友，2010（5）：14-17.

［67］馬金華，宋曉丹. 地方政府債務：過去、現在和未來［J］. 中央財經大學學報，2014（8）：16-21.

［68］馬雪彬，陳嬌. 地方政府融資平臺中的或有負債與財政風險［J］. 甘肅金融，2010（3）：13-15.

［69］繆小林，伏潤民. 地方政府債務風險的內涵與生成：一個文獻綜述及權責時空分離下的思考［J］. 經濟學家，2013（8）：90-101.

［70］繆小林，伏潤民. 權責分離、政績利益環境與地方政府債務超常規增長［J］. 財貿經濟，2015（4）：17-31.

［71］潘俊，王亮亮，沈曉峰. 金融生態環境與地方政府債務融資成本——基於省級城投債數據的實證檢驗［J］. 會計研究，2015（6）：34-41.

［72］潘俊，楊興龍，王亞星. 財政分權、財政透明度與地方政府債務融資［J］. 山西財經大學學報，2016，38（12）：52-63.

［73］龐保慶，陳碩. 央地財政格局下的地方政府債務成因、規模及風險［J］. 經濟社會體制比較，2015（5）：45-56.

[74] 蒲丹琳, 王善平. 官員晉升激勵、經濟責任審計與地方政府投融資平臺債務 [J]. 會計研究, 2014 (5): 88-93.

[75] 秦德安, 田靖宇. 地方政府融資平臺研究綜述 [J]. 地方財政研究, 2010 (4): 9-13.

[76] 沈明高, 彭程, 龔橙. 地方融資平臺遠慮與近憂 [J]. 中國改革, 2010 (5): 38-42.

[77] 唐在富. 中國土地財政基本理論研究: 土地財政的起源、本質、風險與未來 [J]. 經濟經緯, 2012 (2): 140-145.

[78] 田新民, 夏詩園. 地方政府債務風險影響研究——基於土地財政和房地產價格的視角 [J]. 山西財經大學學報, 2017, 39 (6): 26-38.

[79] 王桂花, 許成安. 新型城鎮化背景下地方政府債務風險動態管理研究——理論分析與模型構建 [J]. 審計與經濟研究, 2014 (4): 71-80.

[80] 王國剛. 關於「地方政府融資平臺債務」的冷思考 [J]. 財貿研究, 2012 (9): 14-21.

[81] 王俊. 地方政府債務的風險成因、結構與預警實證 [J]. 中國經濟問題, 2015 (2): 13-25.

[82] 王曉光, 高淑東. 地方政府債務風險的預警評價與控制 [J]. 當代經濟研究, 2005 (4): 53-55.

[83] 王永欽, 陳映輝, 杜巨瀾. 軟預算約束與中國地方政府債務違約風險: 來自金融市場的證據 [J]. 經濟研究, 2016 (11): 96-109.

[84] 魏加寧. 地方政府投融資平臺的風險何在 [J]. 中國金融, 2010, 16 (2): 3-5.

[85] 肖耿, 李金迎, 王洋. 採取組合措施化解地方政府融資平臺貸款風險 [J]. 中國金融, 2009 (20): 40-41.

[86] 謝思全, 白豔娟. 地方政府融資平臺的舉債行為及其影響分析——雙衝動下的信貸加速器效應分析 [J]. 經濟理論與經濟管理, 2013 (1): 60-68.

[87] 許友傳, 陳可楨. 資產跳躍情景下的地方融資平臺風險壓力測試 [J]. 財經研究, 2013, 39 (2): 26-36.

[88] 徐占東, 王雪標. 中國省級政府債務風險測度與分析 [J]. 數量經濟技術經濟研究, 2014 (12)：38-54.

[89] 薛軍, 聞勇. 地方政府債務管理：模式選擇與制度借鑑 [J]. 當代經濟管理, 2015, 37 (2)：87-93.

[90] 楊龍光, 林兆彬. 中國地方政府債務風險的量化分析 [J]. 統計與決策, 2016 (8)：146-149.

[91] 楊十二, 李尚蒲. 地方政府債務的決定：一個制度解釋框架 [J]. 經濟體制改革, 2013 (2)：15-19.

[92] 楊興龍, 楊晶.「大會計」與地方政府性債務治理：作用機理與分析框架 [J]. 會計與經濟研究, 2014 (6)：27-35.

[93] 於海峰, 崔迪. 防範與化解地方政府債務風險問題研究 [J]. 財政研究, 2010 (6)：56-59.

[94] 曾康霖, 呂勁松. 加強地方政府性債務管理的審計思考 [J]. 審計研究, 2014 (1)：31-34.

[95] 張維迎. 博弈論與信息經濟學 [M]. 上海：上海人民出版社, 2004.

[96] 張曾蓮, 江帆. 財政分權、晉升激勵與預算軟約束——基於政府過度負債省級政府數據的實證分析 [J]. 山西財經大學學報, 2017, 39 (6)：15-25.

[97] 趙慧, 紀新青. 地方債：走出地方財政困境的積極嘗試 [J]. 泰山鄉鎮企業職工大學學報, 2010 (2)：3-5.

[98] 中國工商銀行投資銀行部課題組. 地方政府債務風險的衡量、分佈與防範 [J]. 金融論壇, 2011 (1)：14-24.

[99] 周黎安. 中國地方官員的晉升錦標賽模式研究 [J]. 經濟研究, 2007 (7)：36-51.

[100] 朱相平. 地方投融資平臺建設與政府的責任邊界：基於風險控制的視角 [J]. 宏觀經濟研究, 2012 (7)：11-16.

附表

30个省级地方政府政府性债务水平、债务率和违约率统计表

地区	省份	负有偿还责任的债务（亿元）	负有担保责任的债务（亿元）	可能承担一定救助责任的债务（亿元）	负有偿还责任债务率	总体债务率	需偿还债务违约率	承担担保责任债务违约率	可能承担一定救助责任债务违约率
西部地区	陕西	2,733	947	2,413	56.78%	68.64%	3.65%	3.11%	0.91%
	甘肃	1,221	434	1,318	40.38%	46.99%	2.98%	10.27%	3.55%
	青海	745	161	152	55.15%	57.79%	0.78%	1.25%	2.46%
	宁夏	502	181	108	39.54%	50.48%	2.41%	0.16%	6.80%
	新疆	1,642	808	296	45.93%	54.53%	2.55%	0.81%	1.58%
	四川	6,531	1,651	1,048	71.58%	77.65%	3.19%	3.39%	5.20%
	重庆	3,575	2,300	1,485	69.90%	92.75%	2.46%	0.45%	3.37%
	云南	3,824	439	1,691	77.14%	91.01%	4.09%	5.44%	1.49%
	贵州	4,623	974	725	83.62%	92.01%	2.28%	2.03%	3.11%

附表（續）

地區	省份	負有償還責任的債務（億元）	負有擔保責任的債務（億元）	可能承擔一定救助責任的債務（億元）	負有償還責任債務率	總體債務率	需償還債務違約率	承擔擔保責任債務違約率	可能承擔一定救助責任債務違約率
東部地區	北京	6,506	152	896	98.93%	99.86%	0.14%	1.67%	0.03%
	天津	2,263	1,480	1,089	57.46%	72.45%	0.00%	0.04%	1.42%
	海南	1,050	225	135	70.18%	81.03%	0.24%	0.45%	1.77%
	上海	5,194	523	2,729	76.12%	87.62%	0.01%	0.28%	-0.12%
	遼寧	5,663	1,258	669	68.78%	71.04%	2.56%	0.84%	3.15%
	山東	4,499	1,219	1,390	48.77%	55.22%	2.76%	0.91%	8.82%
	河北	3,962	949	2,603	66.94%	80.62%	2.56%	3.08%	4.71%
	浙江	5,088	327	1,513	63.48%	66.11%	0.15%	0.14%	0.32%
	江蘇	7,636	977	6,156	53.62%	60.34%	1.38%	0.87%	2.14%
	廣東	6,932	1,021	2,213	54.41%	59.41%	1.90%	3.39%	1.55%
	福建	2,454	244	1,684	49.85%	55.47%	0.94%	1.83%	0.56%
	廣西	2,071	1,231	1,028	47.70%	57.86%	1.88%	0.99%	1.94%

附表（續）

地區	省份	負有償還責任的債務（億元）	負有擔保責任的債務（億元）	可能承擔一定救助責任的債務（億元）	負有償還責任債務率	總體債務率	需償還債務違約率	承擔擔保責任債務違約率	可能承擔一定救助責任債務違約率
中部地區	山西	1,521	2,334	324	33.00%	52.55%	1.94%	0.47%	8.19%
	吉林	2,581	973	694	75.98%	84.13%	1.79%	1.29%	3.12%
	湖南	3,478	733	3,526	60.33%	74.14%	4.10%	5.58%	4.04%
	湖北	5,151	777	1,753	77.64%	88.00%	1.91%	2.92%	3.49%
	安徽	3,077	601	1,619	44.65%	52.95%	2.44%	1.00%	3.17%
	江西	2,426	833	673	53.10%	68.05%	1.55%	1.13%	8.59%
	內蒙古	3,392	867	283	68.39%	77.18%	3.66%	1.98%	28.31%
	黑龍江	2,042	1,050	496	45.86%	54.41%	2.36%	1.10%	5.31%
	河南	3,528	274	1,740	45.39%	48.01%	3.40%	7.04%	3.62%

國家圖書館出版品預行編目（CIP）資料

中國地方政府性債務融資與債務風險防控研究 / 劉婷婷 著. -- 第一版. -- 臺北市：財經錢線文化，2020.05
　　面；　　公分
POD版

ISBN 978-957-680-414-4(平裝)

1.地方公債 2.中國

564.592　　　　109005591

書　　　名：中國地方政府性債務融資與債務風險防控研究
作　　　者：劉婷婷 著
發 行 人：黃振庭
出 版 者：財經錢線文化事業有限公司
發 行 者：財經錢線文化事業有限公司
E-mail：sonbookservice@gmail.com
粉絲頁：　　　　　網址：
地　　　址：台北市中正區重慶南路一段六十一號八樓 815 室
8F.-815, No.61, Sec. 1, Chongqing S. Rd., Zhongzheng Dist., Taipei City 100, Taiwan (R.O.C.)
電　　　話：(02)2370-3310 傳　真：(02) 2388-1990
總 經 銷：紅螞蟻圖書有限公司
地　　　址：台北市內湖區舊宗路二段 121 巷 19 號
電　　　話：02-2795-3656 傳真：02-2795-4100　　　網址：
印　　　刷：京峯彩色印刷有限公司（京峰數位）

本書版權為西南財經大學出版社所有授權崧博出版事業股份有限公司獨家發行電子書及繁體書繁體字版。若有其他相關權利及授權需求請與本公司聯繫。

定　　　價：250 元
發行日期：2020 年 05 月第一版
◎ 本書以 POD 印製發行